江苏知识产权实力状况报告

Jiangsu Intellectual Property Strength Report

2020

江苏省知识产权研究会　主编

知识产权出版社
全国百佳图书出版单位
—北京—

图书在版编目（CIP）数据

2020江苏知识产权实力状况报告／江苏省知识产权研究会主编. —北京：知识产权出版社，2021.1

ISBN 978-7-5130-7404-9

Ⅰ. ①2… Ⅱ. ①江… Ⅲ. ①知识产权—研究报告—江苏—2020 Ⅳ. ①D927.530.340.4

中国版本图书馆CIP数据核字（2021）第007489号

内容提要

本书旨在通过对江苏省各设区市知识产权实力状况的监测与分析，促进江苏省各地知识产权质量的提升和知识产权强省的建设。本书构建了由4个一级指标、10个二级指标和41个三级指标构成的江苏省知识产权实力指标体系，通过测算，全省13个设区市知识产权实力呈现“苏南高、苏北低”的特征，知识产权实力前三位依次是南京市、苏州市和无锡市。本书可作为知识产权理论和政策研究人员、实务工作者及相关社会公众的参考读物。

责任编辑：张　珑　苑　菲　　　　**责任印制：**孙婷婷

2020江苏知识产权实力状况报告

2020 JIANGSU ZHISHI CHANQUAN SHILI ZHUANGKUANG BAOGAO

江苏省知识产权研究会　主编

出版发行：知识产权出版社有限责任公司　　**网　　址：**http://www.ipph.cn

电　　话：010-82004826　　http://www.laichushu.com

社　　址：北京市海淀区气象路50号院　　**邮　　编：**100081

责编电话：010-82000860转8574　　**责编邮箱：**laichushu@cnipr.com

发行电话：010-82000860转8101　　**发行传真：**010-82000893

印　　刷：北京中献拓方科技发展有限公司　　**经　　销：**各大网上书店、新华书店及相关专业书店

开　　本：720mm×960mm　1/16　　**印　　张：**7

版　　次：2021年1月第1版　　**印　　次：**2021年1月第1次印刷

字　　数：130千字　　**定　　价：**38.00元

ISBN 978-7-5130-7404-9

编委会

前　言

党的十八大以来，党中央、国务院对知识产权作出了一系列重大决策和部署，出台了一系列政策措施，推动了我国知识产权事业取得历史性成就。2019年，党的十九届四中全会指出："建立知识产权侵权惩罚性赔偿制度，加强企业商业秘密保护。"中共中央办公厅、国务院办公厅印发了《关于强化知识产权保护的意见》，为新时代全面加强知识产权保护提供了基本遵循。为深入贯彻国家《关于强化知识产权保护的意见》等文件精神，落实知识产权"严保护、大保护、快保护、同保护"要求，加快推进引领型知识产权强省建设，切实优化营商环境和创新环境，为推动高质量发展走在前列、加快建设"强富美高"新江苏提供有力支撑，2020年8月，江苏省委办公厅、省政府办公厅联合印发了《关于强化知识产权保护的实施意见》，对贯彻落实国家有关文件精神、强化江苏省知识产权保护工作作出了全面部署安排。

江苏省知识产权研究会自2014年开始编制《江苏专利实力指数报告》并持续对外发布，一直致力于将统计学分析方法引入专利数据挖掘中，力争揭示影响地区专利实力差异的各类因素，为知识产权理论和政策研究人员、实务工作者及相关社会公众提供尽可能翔实、客观的数据和结论。《江苏知识产权实力状况报告 2020》是在《江苏专利实力指数报告》的研究基础上，将研究内容从专利扩大到知识产权，通过对江苏省各设区市知识产权状况的监测与分析，推动知识产权强省建设和江苏经济高质量发展。本书构建了由 4 个一级指标、10 个二级指标和 41 个三级指标构成的江苏省知识产权实力指标体系，通过测算，全省 13 个设区市知识产权实力呈现“苏南高、苏北低”的特征，知识产权实力前三位依次是南京市、苏州市和无锡市。

《江苏知识产权实力状况报告 2020》是多方支持与合作的成果，报告在指标体系构建、数据获取方面获得了国家知识产权局、江苏省知识产权和商标战略实施工作领导小组成员单位、江苏省专利信息服务中心及江苏省各设区市知识产权局等单位的大力支持，在此一并致谢。由于时间有限，本书难免存在疏漏与不足，恳请社会各界提出宝贵意见。

江苏省知识产权研究会

2020 年 9 月

目　录

表目录

图目录

第一章　绪　　论

一、指数报告编制背景及意义

2019年，江苏省知识产权局系统以习近平新时代中国特色社会主义思想为指导，在省委省政府和省市场监管局的领导下，不忘初心、牢记使命，紧紧围绕“守住底线、营造环境、规范竞争、提升质量、促进发展”的市场监管总体思路，结合知识产权工作实际，聚焦支撑创新发展，聚力优化营商环境，各项工作平稳开局，稳中有进、进中调优，继续保持全国前列。

为全面反映江苏省知识产权实力状况，定量分析各地区知识产权创造、运用、保护、环境等方面的发展水平，引导江苏省知识产权事业科学发展，江苏省知识产权研究会在《江苏专利实力指数报告》的研究基础之上，将研究内容从专利扩大到知识产权，通过对江苏省各设区市知识产权状况的监测与分析，客观评价地区知识产权发展状况，挖掘各地区知识产权发展存在差距的根源，为各级知识产权管理部门制定相关政策提供更加可靠的数据支撑，进一步提升地区知识产权实力和科技竞争力，更好地促进知识产权强省建设和江苏经济高质量发展。

二、国内外相关研究现状

随着信息社会和知识经济的到来，知识产权的重要性日益突出。目前知识产权综合实力已成为一个国家、地区、企业及科研单位技术创新水平的重要标志。许多发达国家对知识产权的研究和利用十分重视，并已有多年的理论研究和实践经验。他们建立知识产权专题数据库，不断进行深入的知识产权跟踪调查和分析。美国分别于 2012 年和 2016 年两次发布知识产权密集型产业专题报告，欧盟分别于 2013 年、2016 年和 2019 年三次发布知识产权密集型产业专题报告，以产业对经济的贡献为视角，全面评估知识产权对经济的影响，明确提出知识产权密集型产业是经济的重要支柱。美国 2016 年发布的《知识产权与美国经济：2016 年更新报告》显示，2010 年至 2014 年，美国知识产权密集型产业增加值占 GDP 的比重由 34.8% 增长到 38.2%。欧盟 2019 年发布的《知识产权密集型产业及其在欧盟的经济表现》报告显示，2014—2016 年，欧盟知识产权密集型产业的直接就业人数达到 6300 万，知识产权密集型产业创造了欧盟经济总量的 45%，价值 6.6 万亿欧元。

国内学者围绕知识产权综合实力的评价主要包括我国区域、企业、高校知识产权综合实力评价及知识产权保护水平方面的评价。国家知识产权局的黄庆、曹津燕和刘祥等组成的课题组，在区域知识产权综合实力评价指标体系方面进行了一些研究，从专利数量、质量和价值三方面综合考虑，构建了一套以数量类指标表征专利关注程度，以质量类指标表征科技创新程度，以价值类指标表征专利在市场经济活动中作用的指标体系。对我国区域的知识产权进行了评价，得出了具有一定意义的评价结果。田高良对现代企业知识产权分析与评价体系作了探讨，对知识产权占有、使用、投资、转让、投入与产出关系等情况进行了全面的分析与评价，从知识产权拥有量及结构、知识产权投资耗费和比重、知识产权运营能力和知识产权经济效益四个角度出发，提出知识产权综合评价指标体系。复旦大学知识产权研究中心的陆飞在对国内外有关知识产权评估进行调研的基础上，提出了我国高校知识产权业绩评估的基本原则和技术原则，制定了评估方案，提出了我国高校知识产权业绩评估指标体系。哈尔滨工业大学的王九云在论述了知识产权保护层位的定义及对知识产权保护层位进行评价的必要性、主体和原则的基础上，建立了科学的评价指标体系和评价数据模型，在评价指标体系中引进了技术创新投入、成果指标，而且包括了知识产权的管理、规范、利用、贸易、对经济发展的贡献等指标，并给出了科学的评价方法，提出了不同社会主体按高层位标准保护知识产权应采取的对策措施。

第二章　江苏省知识产权实力综述与分析

一、江苏省知识产权实力综述

2019 年，江苏省知识产权局系统以习近平新时代中国特色社会主义思想为指导，在省委省政府和省市场监管局的领导下，“不忘初心、牢记使命”，紧紧围绕“守住底线、营造环境、规范竞争、提升质量、促进发展”的市场监管总体思路，结合知识产权工作实际，聚焦支撑创新发展，聚力优化营商环境，各项工作平稳开局，稳中有进、进中调优，继续保持全国前列。

1）创造运用再展新作为。知识产权产出结构优化。深入贯彻落实江苏省委省政府“科技改革 30 条”“知识产权 18 条”，全面推行普惠性知识产权资助政策。2019 年江苏省全省专利申请量 594249 件，专利授权量 314395 件，PCT 国际专利申请量 6635 件，同比增长 20.64%，万人发明专利拥有量达 30.16 件，增加 3.71 件，企业专利申请量、授权量占总量的比重分别达 79.34% 和 79.35%，比 2018 年年底提高了 6.44 个百分点和 2.27 个百分点。商标申请量 495166 件，注册量 407715 件，有效商标注册量 1582236 件，增幅 30.67%；马德里商标国际注册申请量 838 件，同比增长 3.71%。新注册地理标志商标 26 件。第二十一届中国专利奖获奖项目 113 项，再创新高。**知识产权服务产业精准化。**聚焦 13 个先进制造业集群开展专利态势分析，围绕芯片设计等 6 个关键核心技术开展专利预警分析，为政府相关部门提供了重要决策参考。江苏省副省长马秋林批示："省知识产权局出具的 13 个产业集群专利分析质量高，可参考价值高。"针对产业集群骨干企业、高新技术企业、民营科技企业，加强专利、商标、地理标志综合培训、指导和服务，调整优化知识产权强企行动计划，江苏省新增知识产权管理"贯标"企业 2026 家，省级知识产权战略推进计划企业 71 家，国家知识产权示范企业 57 家、优势企业 174 家。**高价值专利培育体系化。**总结经验，完善政策，优化机制，累计建成 48 家省级和 141 家市县级高价值专利培育示范中心，基本形成覆盖江苏省全省的高价值专利培育体系。其中，已建成的 48 家省级高价值专利培育示范中心累计产出 PCT 专利 600 余件，参与或制定国家和行业标准近 200 个，专利产品销售收入达 820 多亿元。**知识产权运用多元化。**江苏省 2000 余项地理标志信息纳入国家地理标志资源库，19 个地理标志产品被纳入中欧地理标志保护合作谈判清单，79% 地理标志产品制定了国家或地方标准。江苏国际知识产权运营交易中心"一站式全产业链服务云"正式上线，中高知识产权运营交易平台完成全国高校 90 余万件有效专利的基础性标引。江苏省专业从事知识产权运营服务机构 69 家，完成专利转让 30062 件，居全国第三位，其中高校院所专利转让 2673 件，居全国第一位。2019 年江苏省完成知识产权技术合同 49622 项，成交额达 1675.59 亿元，同比增长 45.37%。

2）保护环境呈现新面貌。地方立法扎实推进。《江苏省知识产权促进条例》完成调研论证、初稿起草，并列入江苏省人大 2020 年立法调研项目。**综合执法体系基本形成**。建立省、市、县三级专利、商标、地理标志行政执法体系，组织编制《江苏省专利商标行政执法规程》《专利商标行政执法实务》，承办机构改革后全国首期知识产权执法人员培训班，江苏省新增 376 人取得专利行政执法证。**专项行动扎实开展**。省、市、县组织实施“双打”“铁拳”地理标志保护等专项行动，江苏省全省共查处商标违法案件 2558 件，罚没款 4807.97 万元；查处假冒专利案件 4352 件，处理专利侵权纠纷 3511 件，继续保持全国前列，3 件案例入选全国专利商标十大典型案例。开展专利真实性“双随机、一公开”检查，检查专利产品 28256 件，查处案件 101 件，责令整改企业 153 家。**执法协作有效推进**。牵头组织签署《长三角区域知识产权执法协作协议书》，会同京、津、冀、沪、浙等 12 省市签署《知识产权行政保护协议书》，与江苏省公安厅、江苏省法院、南京知识产权法庭建立常态化办案协作、研讨交流机制。**载体建设成效显著**。常州保护中心升格为副处级，南京保护中心新增生物医药审查领域，苏州保护中心投入运行，南通、徐州保护中心于 2020 年 1 月获批，省级知识产权保护中心进入申报程序，江苏省全省受理专利快速审批预审申请 2901 件，审查周期大幅缩减。江苏省 2 个国家级快速维权中心、8 个国家级维权援助中心及其 55 个分支机构基本完成转隶，实现平稳过渡。各类知识产权保护机构向社会提供咨询服务 6164 次，受理维权援助申请 177 件，调解纠纷 128 件，移送举报投诉案件 321 件。

3）服务供给实现新提升。公共服务提质增效。商标、专利、地理标志、企业登记等信息资源有效整合，江苏省知识产权大数据平台启动建设，2 个世界知识产权组织技术与创新支持中心（TISC）、1 个国家高校知识产权信息服务中心、11个高校图书馆专利信息传播与利用基地加快发展。专利审查协作江苏中心完成实审结案19.3万件，继续保持全国第一。江苏省商标受理窗口由4家增至7家，南京、苏州、宿迁商标受理窗口被国家评为先进。南京专利代办处及苏州分理处全年受理专利申请13.1万件，98.67%的专利申请业务通过网上办理，纸件专利申请受理由4个工作日压缩到2个工作日，专利费减备案审核时间由25个自然日压缩到5个工作日，各项业务“零差错”，窗口服务“零投诉”，被国家知识产权局评为“先进代办处”“青年文明号”。**金融服务多点突破。**知识产权大数据在金融领域推广运用，江苏省56家银行、12家融资担保机构、27家金融投资机构开展知识产权金融服务。在全国率先推出“互联网+知识产权”质押融资模式，江苏省通过专利权、商标权质押融资88.6亿元，融资企业数量全国第一。全国首单商标被侵权保险在江苏落地。**社会服务规范发展。**举办江苏省专利代理机构贯标及执业规范培训，制定代理机构违规行为约谈、投诉举报受理、行政处罚等工作指引，落实“证照分离”改革，对江苏自贸区内专利代理机构实行“告知承诺”制。落实“科技改革30条”政策，在江苏省全省遴选106家代理机构对其代理的有效发明专利给予奖补。江苏省新增专利代理机构及分支机构130家，总数达459家。**服务监管扎实推进。**组织专利代理行业统计调查，开展“蓝天”专项整治行动，启用“互联网+监管”系统。组织专利代理机构开展全面自查和信用承诺，316家机构、1336名专利代理师签署信用承诺书，120名在宁执业专利代理师参加执业宣誓。全年核查专利代理业违规线索843条，约谈专利代理机构111家，责令整改114家，实地检查10家，列入经营异常名单2家；江苏省全省立案8件，结案4件，作出处罚决定4件，罚款50.24万元。

4）对外交流迈出新步伐。拓展交流互访视野。在江苏省外事办公室、江苏省财政厅、江苏省市场监管局大力支持下，全年共组织 4 批次分赴美国、巴西和智利、德国和捷克、俄罗斯和白俄罗斯，开展学习交流和业务培训。先后迎接日本贸易振兴机构、美国专利商标局、欧洲专利局等多地来访。**强化涉外维权服务。**修订《江苏省外资企业知识产权申请注册和维权指引（2019）》，编制《“一带一路”重点国家知识产权保护工作指引》《江苏省涉外知识产权典型案例集（2008—2017 年）》，组织 3 期外向型企业涉外知识产权业务培训班，跟踪服务涉及江苏省的 6 起“337 调查”案件，助力企业应对涉外纠纷。**搭建国际合作平台。**高质量保障中欧第十三次局长会议，国家知识产权局、欧洲专利局致信表示感谢。成功举办第十五届中国（无锡）国际设计博览会、第四届紫金知识产权国际峰会、中国（苏州）国际品牌博览会等重大活动，邀请欧洲专利局局长、意大利工业设计协会主席、林毅夫等国内外知名专家来江苏考察交流，推动长三角新结构经济学知识产权研究院落户南京。苏州工业园区与新加坡知识产权局签署《知识产权与创新合作备忘录》，树立了园区知识产权对外合作新标杆。

5）强基固本取得新进展。谋划发展布新局。扎实推进《知识产权“十四五”发展规划》编制。牵头起草江苏省贯彻落实中共中央办公厅、国务院办公厅《关于强化知识产权保护的意见》实施意见。研究制定 8 条知识产权创新举措纳入江苏自贸区建设实施方案。**基础管理争一流。**江苏省知识产权局 2018 年度部门决算工作被江苏省财政厅评为优秀等次，2019 年度预算执行率位列省级预算单位第一位，资产管理工作在省级机关绩效考核中获得满分。在机构改革后首次省级行政执法人员资格考试中参考人员均分第一。**人才培训重实效。**优化课程设置，配强师资队伍，全年培训企业高管2500余人、知识产权工程师2700余人，培训满意度测评达95%。评出知识产权专业高级职称人员36名，总数达276人。南京理工大学知识产权学院招收知识产权硕士和博士研究生131名，同比翻番。专利代理师考前培训班考试通过率达61%，位居全国前列。组织2期知识产权管理人员、2期行政执法人员培训班，基本实现一线工作人员培训全覆盖。**宣传工作显特色。**紧扣“庆祝中华人民共和国成立70周年”“4·26世界知识产权日”，以及《商标法》《关于强化知识产权保护的意见》颁布实施等重要节点，加强宣传策划，强化政策解读，开展主题宣传，集中发布《2019年江苏省知识产权发展与保护状况白皮书（中英文版）》《知识产权十大典型案例》，开展“我最喜爱的江苏商标品牌”公益调查，承办全国首站知识产权保护交流推广活动，推动国家地理标志专用标志在南京首发，营造了“尊重知识、崇尚创新、诚信守法”的知识产权文化氛围，国家知识产权局网站用稿全国第一，江苏省委省政府政务信息采用量创历史新高。

二、江苏省知识产权实力分析

本书从知识产权创造、运用、保护和环境4个方面对2019年江苏省知识产权实力进行排名与分析，得出各市知识产权实力状况呈现“苏南高苏北低”的特征，前三位依次是南京市、苏州市和无锡市，均为苏南城市，后三位依次是连云港市、淮安市和宿迁市，均为苏北城市。各地区知识产权实力不均衡，排名第1的南京市与排名第13的宿迁市，知识产权实力指数相差0.5866（表2-1）。

表 2-1　2019 年江苏地区知识产权实力指数

地区	知识产权实力	
	指数	排名
南京市	0.8304	1
苏州市	0.8018	2
无锡市	0.7212	3
常州市	0.6886	4
南通市	0.6867	5
镇江市	0.6013	6
徐州市	0.5191	7
扬州市	0.4672	8
泰州市	0.4379	9
盐城市	0.4151	10
连云港市	0.3857	11
淮安市	0.3152	12
宿迁市	0.2438	13

知识产权实力指数排名第 1 的南京市知识产权实力指数是宿迁市知识产权实力指数的 3.41 倍，主要表现在南京市的知识产权创造-质量、知识产权运用-数量、知识产权保护-行政执法、知识产权环境-人才等指标指数明显高于宿迁市（表 2-2）。

表 2-2　2019 年南京市、宿迁市知识产权实力指数比较

指标	指标指数		指标指数绝对差异（南京市-宿迁市）	指标指数相对差异（南京市/宿迁市）
	南京市	宿迁市		
知识产权实力	0.8304	0.2438	0.5866	3.41
知识产权创造-质量	0.9595	0.1520	0.8075	6.31
知识产权运用-数量	1.0000	0.0821	0.9179	12.18
知识产权保护-行政执法	0.7648	0.2527	0.5121	3.03
知识产权环境-人才	0.8328	0.2829	0.5499	2.94

根据 2019 年知识产权实力指数，将江苏省 13 个设区市划分为四类（图 2-1）。

第一类：知识产权实力指数高于 0.7 的地区，包括南京市、苏州市和无锡市。

第二类：知识产权实力指数低于 0.7、高于 0.6 的地区，包括常州市、南通市和镇江市。

第三类：知识产权实力指数低于 0.6、高于 0.4 的地区，包括徐州市、扬州市、泰州市和盐城市。

第四类：知识产权实力指数低于 0.4 的地区，包括连云港市、淮安市和宿迁市。

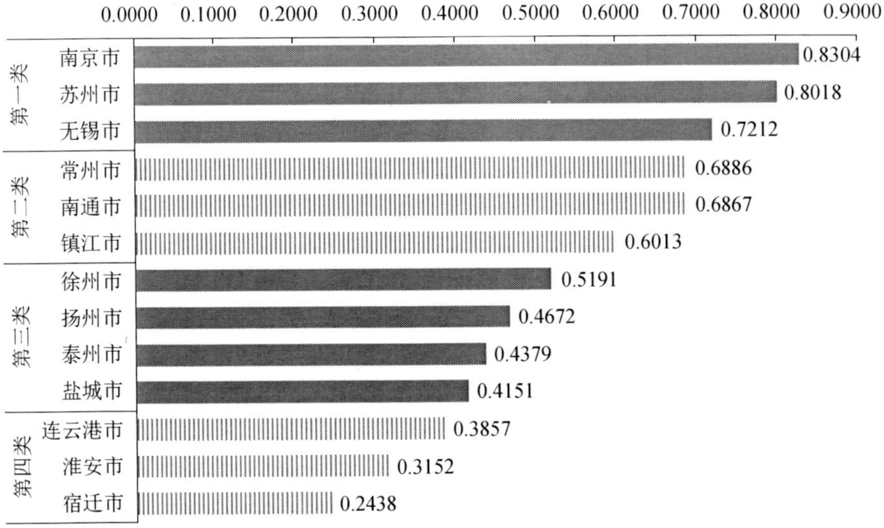

图 2-1　2019 年江苏知识产权实力指数地区分类图

第三章　地区知识产权实力分析

一、地区知识产权实力一级指标分析

（一）地区知识产权实力一级指标设计

知识产权实力指标体系下设 4 个一级指标：知识产权创造、知识产权运用、知识产权保护和知识产权环境（图 3-1）。

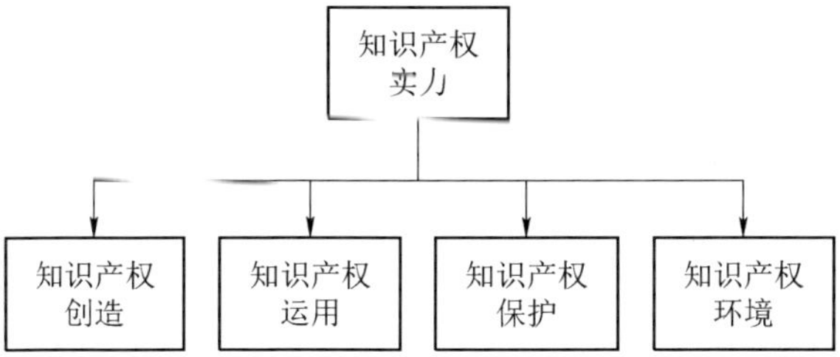

图 3-1　知识产权实力指标设计

（二）地区知识产权实力一级指标分析

总体来看，知识产权创造、知识产权保护和知识产权环境 3 项一级指标呈现苏南高、苏北低的特征，知识产权运用指标呈现苏南高，苏中、苏北低的特征。从 4 项一级指标排名前三位的分布来看，知识产权创造和知识产权运用 2 项指标前三位均分布在南京市、无锡市和苏州市；知识产权保护指标前三位依次是南通市、苏州市和无锡市；知识产权环境指标前三位依次是南京市、苏州市和常州市。苏州市 4 项一级指标均进入江苏省前三，表现较好。

从各地区 4 项一级指标发展的均衡性来看，苏州市、宿迁市、常州市、无锡市、镇江市、扬州市、连云港市、淮安市和盐城市 9 个设区市 4 项一级指标发展较为均衡，4 项一级指标全省位次的差异不超过 3 个（表 3-1）。

表 3-1　2019 年江苏地区知识产权实力及其一级指标

地区	知识产权实力		知识产权创造		知识产权运用		知识产权保护		知识产权环境	
	指数	排名	指数	排名	指数	排名	指数	排名	指数	排名
南京市	0.8304	1	0.8857	1	0.9619	1	0.5455	6	0.8730	1
无锡市	0.7212	3	0.7486	3	0.7034	2	0.7222	3	0.6832	4
徐州市	0.5191	7	0.5543	7	0.6015	6	0.3345	11	0.5511	9
常州市	0.6886	4	0.7270	4	0.6088	5	0.6581	4	0.7220	3
苏州市	0.8018	2	0.8609	2	0.6980	3	0.7288	2	0.8602	2
南通市	0.6867	5	0.6675	5	0.6199	4	0.8593	1	0.6194	5
连云港市	0.3857	11	0.4674	10	0.2210	11	0.3089	12	0.4635	11
淮安市	0.3152	12	0.2998	12	0.2529	10	0.3463	10	0.3772	12
盐城市	0.4151	10	0.4480	11	0.3342	8	0.3727	9	0.4729	10
扬州市	0.4672	8	0.5132	8	0.2917	9	0.4352	8	0.5827	7
镇江市	0.6013	6	0.6552	6	0.4990	7	0.5784	5	0.6184	6
泰州市	0.4379	9	0.4969	9	0.1000	13	0.5304	7	0.5653	8
宿迁市	0.2438	13	0.2447	13	0.1324	12	0.2254	13	0.3716	13

二、地区知识产权实力二级指标分析

（一）知识产权创造二级指标分析

1. 指标设计

知识产权创造指标下设 3 个二级指标：知识产权创造-数量、知识产权创造-质量和知识产权创造-效率（图 3-2）。

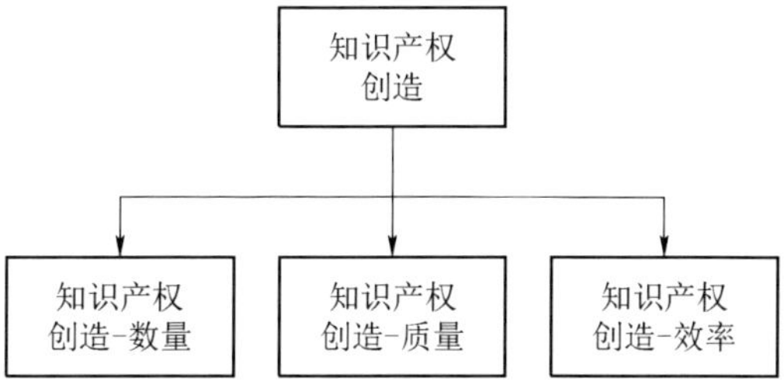

图 3-2　知识产权创造二级指标设计

2. 地区知识产权创造实力分析

总体来看，知识产权创造-数量和知识产权创造-质量 2 项二级指标呈现苏南高，苏中、苏北低的特征，知识产权创造-效率指标呈现苏南高、苏北低的特征，3 项二级指标的前三位均分布在苏南地区。知识产权创造-数量、知识产权创造-质量、知识产权创造-效率 3 项指标的前两位均分布在苏州市和南京市，知识产权创造-数量指标第 3 位是无锡市，知识产权创造-质量指标第 3 位是镇江市，知识产权创造-效率指标第 3 位是常州市。

从各地区 3 项二级指标发展的均衡性来看，淮安市、宿迁市、苏州市、南京市、无锡市、南通市、泰州市和连云港市 8 个设区市 3 项二级指标发展较为均衡，3 项二级指标全省位次的差异不超过 3 个（表 3-2）。

表 3-2　2019 年江苏知识产权创造及其二级指标

地区	知识产权创造		知识产权创造-数量		知识产权创造-质量		知识产权创造-效率	
	指数	排名	指数	排名	指数	排名	指数	排名
南京市	0.8857	1	0.8287	2	0.9595	1	0.8660	2
无锡市	0.7486	3	0.6974	3	0.6938	4	0.7901	4
徐州市	0.5543	7	0.4950	7	0.6778	5	0.5111	9
常州市	0.7270	4	0.5956	5	0.6329	7	0.8111	3
苏州市	0.8609	2	0.8828	1	0.7561	2	0.9058	1
南通市	0.6675	5	0.6218	4	0.6561	6	0.6863	6
连云港市	0.4674	10	0.3657	11	0.5762	8	0.4436	10
淮安市	0.2998	12	0.3117	12	0.2772	12	0.3073	12
盐城市	0.4480	11	0.5235	6	0.4513	9	0.4246	11
扬州市	0.5132	8	0.4423	8	0.4190	11	0.5797	7
镇江市	0.6552	6	0.4121	9	0.7023	3	0.7024	5
泰州市	0.4969	9	0.3828	10	0.4224	10	0.5663	8
宿迁市	0.2447	13	0.1904	13	0.1520	13	0.3057	13

（二）知识产权运用二级指标分析

1. 指标设计

知识产权运用指标下设 2 个二级指标：知识产权运用-数量、知识产权运用-效果（图 3-3）。

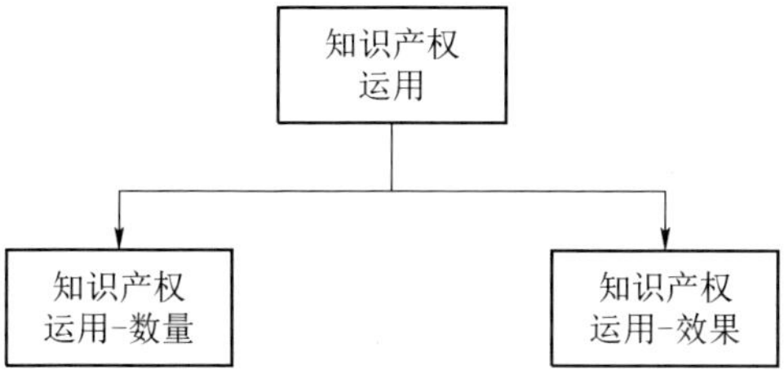

图 3-3　知识产权运用二级指标设计

2. 地区知识产权运用实力分析

总体来看，知识产权运用-数量、知识产权运用-效果 2 项二级指标呈现苏南高、苏中苏北低的特征。2 项二级指标的前三位均分布在南京市、苏州市和无锡市。

从各地区 2 项二级指标发展的均衡性来看，有 12 个设区市知识产权运用-数量和知识产权运用-效果 2 项指标发展较为均衡，2 项指标全省位次的差异不超过 3 个。宿迁市知识产权运用-数量和知识产权运用-效果 2 项指标全省的位次相差 4 个（表 3-3）。

表 3-3　2019 年江苏知识产权运用及其二级指标

地区	知识产权运用		知识产权运用-数量		知识产权运用-效果	
	指数	排名	指数	排名	指数	排名
南京市	0.9619	1	1.0000	1	0.8985	1
无锡市	0.7034	2	0.6202	3	0.8421	2
徐州市	0.6015	6	0.6115	5	0.5847	6
常州市	0.6088	5	0.6103	6	0.6065	5
苏州市	0.6980	3	0.6479	2	0.7814	3
南通市	0.6199	4	0.6131	4	0.6312	4

续表

地区	知识产权运用		知识产权运用-数量		知识产权运用-效果	
	指数	排名	指数	排名	指数	排名
连云港市	0.2210	11	0.1553	11	0.3306	8
淮安市	0.2529	10	0.3646	10	0.0667	13
盐城市	0.3342	8	0.4061	8	0.2143	10
扬州市	0.2917	9	0.3952	9	0.1192	11
镇江市	0.4990	7	0.5530	7	0.4091	7
泰州市	0.1000	13	0.0913	12	0.1145	12
宿迁市	0.1324	12	0.0821	13	0.2162	9

（三）知识产权保护二级指标分析

1. 指标设计

知识产权保护指标下设 2 个二级指标：知识产权保护-行政执法和知识产权保护-维权援助（图 3-4）。

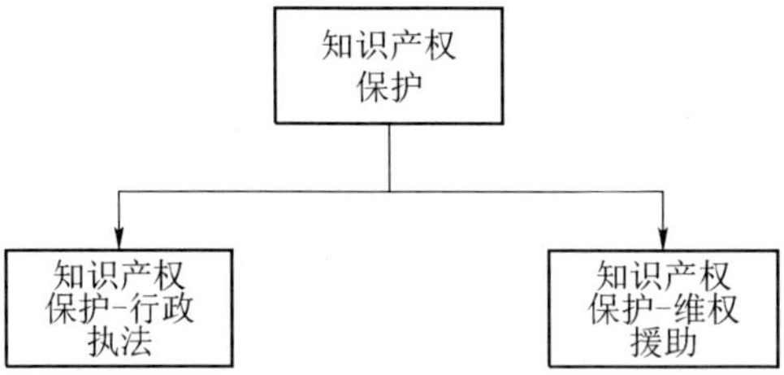

图 3-4　知识产权保护二级指标设计

2. 地区知识产权保护实力分析

总体来看，知识产权保护-行政执法、知识产权保护-维权援助 2 项二级指标呈现出苏南苏中高、苏北低的特征，2 项二级指标前三位分布在苏南和苏中地区。知识产权保护-行政执法、知识产权保护-维权援助 2 项指标排名首位的均为南通市，知识产权保护-行政执法指标的第 2 和 3 位分别是南京市和无锡市，知识产权保护-维权援助指标的第 2 和 3 位分别是苏州市和泰州市。

从各地区 2 项二级指标发展的均衡性来看，南通市、常州市、连云港市、无锡市、镇江市、扬州市、苏州市、徐州市和淮安市 9 个设区市的知识产权保护-行政执法、知识产权保护-维权援助 2 项二级指标发展较为均衡，2 项指标全省位次的差异不超过 3 个（表 3-4）。

表 3-4　2019 年江苏知识产权保护及其二级指标

地区	知识产权保护		知识产权保护-行政执法		知识产权保护-维权援助	
	指数	排名	指数	排名	指数	排名
南京市	0.5455	6	0.7648	2	0.1800	8
无锡市	0.7222	3	0.7646	3	0.6516	4
徐州市	0.3345	11	0.4813	9	0.0900	11
常州市	0.6581	4	0.6877	5	0.6088	5
苏州市	0.7288	2	0.7440	4	0.7035	2
南通市	0.8593	1	0.8470	1	0.8800	1
连云港市	0.3089	12	0.4402	11	0.0900	11
淮安市	0.3463	10	0.5000	8	0.0900	11
盐城市	0.3727	9	0.3083	12	0.4800	6
扬州市	0.4352	8	0.5883	7	0.1800	8
镇江市	0.5784	5	0.6735	6	0.4200	7
泰州市	0.5304	7	0.4527	10	0.6600	3
宿迁市	0.2254	13	0.2527	13	0.1800	8

（四）知识产权环境二级指标分析

1. 指标设计

知识产权环境指标下设 3 个二级指标：知识产权环境-管理、知识产权环境-服务和知识产权环境-人才（图 3-5）。

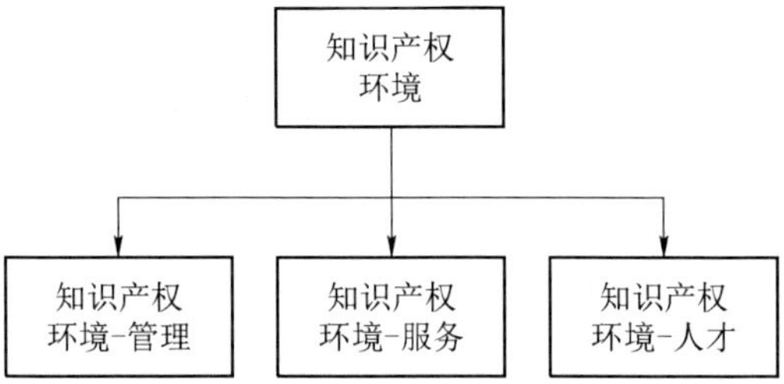

图 3-5　知识产权环境二级指标设计

2. 地区知识产权环境实力分析

总体来看，知识产权环境-管理指标呈现苏南高、苏北低的特征，知识产权环境-服务和知识产权环境-人才 2 项二级指标呈现苏南高，苏中、苏北低的特征。从 3 项二级指标江苏省前三位的分布来看，知识产权环境-管理、知识产权环境-人才 2 项指标的前两位均依次是苏州市和南京市，知识产权环境-管理指标第 3 位是无锡市，知识产权环境-人才指标第 3 位是常州市；知识产权环境-服务指标的前 3 位依次是南京市、常州市和扬州市。南京市 3 项二级指标均进入江苏省前两位，表现较好。

从各地区 3 项二级指标发展的均衡性来看，南京市、镇江市、无锡市、盐城市、宿迁市、常州市和淮安市 7 个设区市的知识产权环境-管理、知识产权环境-服务、知识产权环境-人才 3 项二级指标发展较为均衡，3 项指标全省位次的差异不超过 3 个（表 3-5）。

表 3-5　2019 年江苏知识产权环境及其二级指标

地区	知识产权环境		知识产权环境-管理		知识产权环境-服务		知识产权环境-人才	
	指数	排名	指数	排名	指数	排名	指数	排名
南京市	0.8730	1	0.8599	2	0.9341	1	0.8328	2
无锡市	0.6832	4	0.6762	3	0.7143	5	0.6636	4
徐州市	0.5511	9	0.5562	9	0.4794	12	0.6266	5
常州市	0.7220	3	0.6487	5	0.9027	2	0.6978	3
苏州市	0.8602	2	0.9080	1	0.6514	6	0.9900	1
南通市	0.6194	5	0.6699	4	0.5200	9	0.6049	7
连云港市	0.4635	11	0.3732	12	0.7696	4	0.3295	11
淮安市	0.3772	12	0.3435	13	0.5186	10	0.2933	12
盐城市	0.4729	10	0.4440	10	0.5734	8	0.4265	9
扬州市	0.5827	7	0.5794	8	0.7855	3	0.3381	10
镇江市	0.6184	6	0.6210	6	0.6194	7	0.6102	6
泰州市	0.5653	8	0.6059	7	0.4994	11	0.5363	8
宿迁市	0.3716	13	0.3902	11	0.4018	13	0.2829	13

三、地区知识产权实力三级指标分析

（一）知识产权创造三级指标分析

1. 知识产权创造-数量指标

（1）指标设计

知识产权创造-数量指标下设 6 个三级指标：专利授权量、发明专利授权量、PCT 国际专利申请量、商标注册量、地理标志商标数量、集成电路布图设计登记发证数量（图 3-6）。

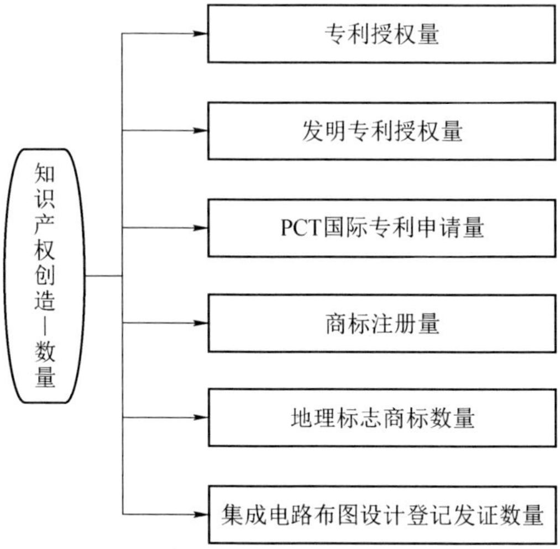

图 3-6 知识产权创造-数量三级指标设计

（2）知识产权创造-数量指标分析

总体来看，专利授权量、发明专利授权量和 PCT 国际专利申请量 3 项三级指标呈现苏南高、苏北低的特征，商标注册量和集成电路布图设计登记发证数量 2 项指标呈现苏南高，苏北、苏中低的特征，地理标志商标数量指标则呈现苏北、苏中高，苏南低的特征。从 6 项三级指标江苏省前三位的分布来看，专利授权量、发明专利授权量、商标注册量、集成电路布图设计登记发证数量 4 项指标的前三位均分布在苏州市、南京市和无锡市；PCT 国际专利申请量前三位依次是苏州市、南京市和常州市；地理标志商标数量前三位依次是淮安市、盐城市、南通市和扬州市（其中南通市和扬州市并列第 3）。

从各地区 6 项三级指标发展的均衡性来看，无锡市 6 项三级指标全省位次的差异为 3 个，除无锡市外，其他 12 个设区市 6 项三级指标全省位次的差异均超过 3 个，指标间发展较为不均衡（表 3-6）。

表 3-6 2019 年江苏知识产权创造-数量及其三级指标

地区	知识产权创造-数量		专利授权量		发明专利授权量		PCT 国际专利申请量		商标注册量		地理标志商标数量		集成电路布图设计登记发证数量	
	指数	排名	指数	排名	指数	排名	指数	排名	指数	排名	指数	排名	指数	排名
南京市	0.8287	2	0.8402	2	1.0000	1	0.8674	2	0.8324	2	0.3429	12	1.0000	1
无锡市	0.6974	3	0.7383	3	0.6799	3	0.6411	4	0.6567	3	0.6000	6	0.8366	3
徐州市	0.4950	7	0.4812	10	0.6067	5	0.6110	6	0.6196	4	0.4714	8	0.1935	9
常州市	0.5956	5	0.6559	4	0.6120	4	0.6836	3	0.6000	7	0.3857	11	0.6000	7
苏州市	0.8828	1	1.0000	1	0.8397	2	1.0000	1	1.0000	1	0.6107	5	0.8679	2
南通市	0.6218	4	0.6252	5	0.6000	7	0.6376	5	0.6076	5	0.6321	3	0.6300	4
连云港市	0.3657	11	0.1933	13	0.1375	12	0.6000	7	0.4048	9	0.4714	8	0.6072	6
淮安市	0.3117	12	0.2931	12	0.1378	11	0.1858	12	0.3111	11	1.0000	1	0.0387	10
盐城市	0.5235	6	0.6000	7	0.3830	8	0.3135	11	0.6004	6	0.7000	2	0.6144	5
扬州市	0.4423	8	0.6185	6	0.3543	9	0.3987	10	0.3447	10	0.6321	3	0.2129	8
镇江市	0.4121	9	0.4826	9	0.6002	6	0.4994	8	0.2531	13	0.4286	10	0.0000	12
泰州市	0.3828	10	0.5679	8	0.2642	10	0.4916	9	0.2975	12	0.6000	6	0.0000	12
宿迁市	0.1904	13	0.3013	11	0.0556	13	0.1239	13	0.4327	8	0.3429	12	0.0194	11

2. 知识产权创造-质量指标

（1）指标设计

知识产权创造-质量指标下设 5 个三级指标：发明专利授权量占比、发明专利授权率、高维持年限发明专利拥有量、专利获奖数量、马德里商标国际注册申请量（图 3-7）。

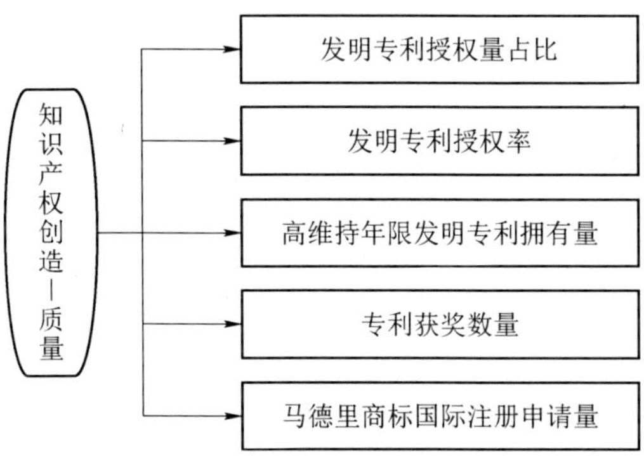

图 3-7　知识产权创造-质量三级指标设计

（2）知识产权创造-质量指标分析

总体来看，发明专利授权量占比、发明专利授权率、专利获奖数量 3 项指标呈现苏南高，苏中、苏北低的特征，高维持年限发明专利拥有量、马德里商标国际注册申请量 2 项指标呈现苏南高、苏北低的特征。从 5 项三级指标江苏省前三位的分布来看，发明专利授权量占比指标的前三位依次是南京市、徐州市和镇江市；发明专利授权率指标的前三位依次是连云港市、南京市和无锡市；高维持年限发明专利拥有量、专利获奖数量、马德里商标国际注册申请量 3 项指标的前两位均分布在苏州市和南京市，高维持年限发明专利拥有量指标第 3 位是无锡市，专利获奖数量指标第 3 位是常州市，马德里商标国际注册申请量指标第 3 位是扬州市。

从各地区 5 项三级指标发展的均衡性来看，南京市、无锡市、淮安市、宿迁市、南通市和盐城市 6 个设区市 5 项三级指标全省位次的差异不超过 3 个，指标间发展较为均衡（表 3-7）。

表 3-7　2019 年江苏知识产权创造-质量及其三级指标

地区	知识产权创造-质量		发明专利授权量占比		发明专利授权率		高维持年限发明专利拥有量		专利获奖数量		马德里商标国际注册申请量	
	指数	排名	指数	排名	指数	排名	指数	排名	指数	排名	指数	排名
南京市	0.9595	1	1.0000	1	0.8993	2	0.9235	2	0.9314	2	1.0000	1
无锡市	0.6938	4	0.6295	5	0.7531	3	0.7927	3	0.6914	4	0.6730	4
徐州市	0.6778	5	0.8983	2	0.4616	8	0.4370	9	0.6457	6	0.4200	9
常州市	0.6329	7	0.6023	6	0.6048	6	0.6908	5	0.7371	3	0.4200	9
苏州市	0.7561	2	0.5979	8	0.6056	5	1.0000	1	1.0000	1	0.8372	2
南通市	0.6561	6	0.6384	4	0.6000	7	0.7209	4	0.6800	5	0.6056	6
连云港市	0.5762	8	0.6000	7	1.0000	1	0.4155	10	0.3333	8	0.6000	7
淮安市	0.2772	12	0.3964	11	0.2965	12	0.1771	12	0.0000	13	0.3600	11
盐城市	0.4513	9	0.5384	9	0.4592	9	0.4054	11	0.2000	10	0.5400	8
扬州市	0.4190	11	0.4177	10	0.4188	10	0.5670	8	0.0667	12	0.7488	3
镇江市	0.7023	3	0.8538	3	0.6170	4	0.6044	6	0.6000	7	0.2400	12
泰州市	0.4224	10	0.3924	12	0.3181	11	0.6000	7	0.2667	9	0.6154	5
宿迁市	0.1520	13	0.1556	13	0.2642	13	0.0889	13	0.1333	11	0.1500	13

3. 知识产权创造-效率指标

（1）指标设计

知识产权创造-效率指标下设 6 个三级指标：每万人口发明专利拥有量、每百亿元 GDP 专利申请量、每十亿元发明专利拥有量、每百亿元高维持年限发明专利拥有量、万企有效注册商标企业数、每万户企业注册商标拥有量（图 3-8）。

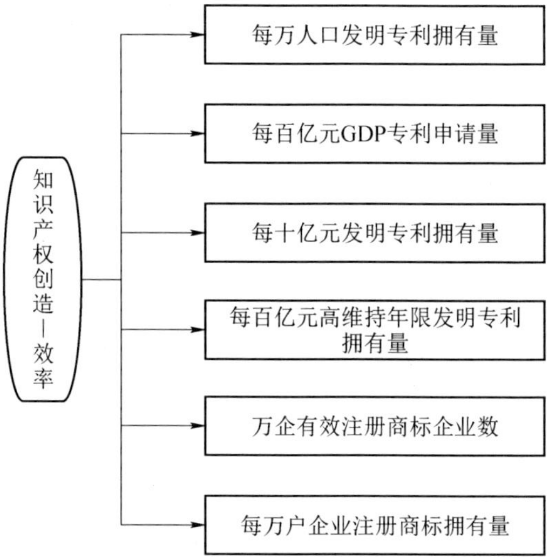

图 3-8　知识产权创造-效率三级指标设计

（2）知识产权创造-效率指标分析

总体来看，每万人口发明专利拥有量、每百亿元 GDP 专利申请量、每十亿元发明专利拥有量、每百亿元高维持年限发明专利拥有量、万企有效注册商标企业数、每万户企业注册商标拥有量 6 项三级指标呈现苏南高、苏北低的特征。从 6 项三级指标江苏省前三位的分布来看，每万人口发明专利拥有量、每百亿元高维持年限发明专利拥有量 2 项指标前三位均依次是南京市、苏州市和无锡市；每百亿元 GDP 专利申请量、每十亿元发明专利拥有量2项指标前两位均分布在苏州市和南京市，每百亿元GDP专利申请量指标第3位是常州市，每十亿元发明专利拥有量指标第3位是镇江市；万企有效注册商标企业数、每万户企业注册商标拥有量2项指标前三位均分布在常州市、无锡市和苏州市。

从各地区6项三级指标发展的均衡性来看，苏州市和盐城市6项三级指标全省位次的差异分别是2个和3个，指标间发展较为均衡。除苏州市和盐城市，其他11个设区市6项三级指标全省位次的差异均超过3个，指标间发展较为不均衡（表3-8）。

（二）知识产权运用三级指标分析

1. 知识产权运用-数量指标

（1）指标设计

知识产权运用-数量指标下设4个三级指标：专利实施许可合同备案量、专利实施许可合同备案涉及专利量、知识产权质押项目数、知识产权技术合同成交数量（图3-9）。

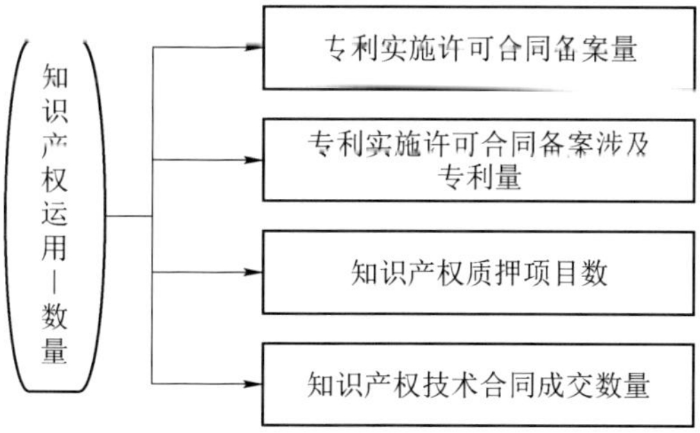

图3-9 知识产权运用-数量三级指标设计

表 3-8　2019 年江苏知识产权创造-效率及其三级指标

地区	知识产权创造-效率		每万人口发明专利拥有量		每百亿元 GDP 专利申请量		每十亿元发明专利拥有量		每百亿元高维持年限发明专利拥有量		万企有效注册商标企业数		每万户企业注册商标拥有量	
	指数	排名	指数	排名	指数	排名	指数	排名	指数	排名	指数	排名	指数	排名
南京市	0.8660	2	1.0000	1	0.8744	2	1.0000	1	1.0000	1	0.5168	11	0.6000	7
无锡市	0.7901	4	0.8109	3	0.6878	6	0.7238	4	0.8380	3	0.8558	2	0.8545	3
徐州市	0.5111	9	0.5118	9	0.5793	8	0.6000	7	0.2773	11	0.5762	9	0.5105	12
常州市	0.8111	3	0.7549	5	0.7768	3	0.7068	5	0.8044	4	1.0000	1	0.8571	2
苏州市	0.9058	1	0.9217	2	1.0000	1	0.8577	2	0.9125	2	0.8360	3	1.0000	1
南通市	0.6863	6	0.7043	6	0.4851	11	0.7047	6	0.7800	5	0.7295	5	0.6472	5
连云港市	0.4436	10	0.2763	11	0.3281	13	0.3788	11	0.6000	7	0.6119	6	0.5941	8
淮安市	0.3073	12	0.1960	12	0.4150	12	0.2377	12	0.2073	12	0.4377	13	0.6135	6
盐城市	0.4246	11	0.3520	10	0.5594	9	0.4233	9	0.3224	10	0.4595	12	0.5722	9
扬州市	0.5797	7	0.5721	8	0.7002	5	0.4223	10	0.4394	9	0.7514	4	0.6937	4
镇江市	0.7024	5	0.7822	4	0.7010	4	0.8316	3	0.6591	6	0.5590	10	0.5462	11
泰州市	0.5663	8	0.6000	7	0.6000	7	0.5163	8	0.5301	8	0.6000	7	0.4973	13
宿迁市	0.3057	13	0.1198	13	0.4937	10	0.1817	13	0.1301	13	0.5900	8	0.5581	10

（2）知识产权运用-数量指标分析

总体来看，专利实施许可合同备案量、专利实施许可合同备案涉及专利量、知识产权质押项目数 3 项指标呈现苏南高，苏中、苏北低的特征，知识产权技术合同成交数量指标呈现苏南高、苏北低的特征。从 4 项三级指标江苏省前三位的分布来看，专利实施许可合同备案量、专利实施许可合同备案涉及专利量、知识产权技术合同成交数量 3 项指标的前两位均依次是南京市和苏州市，专利实施许可合同备案量指标第 3 位是镇江市，专利实施许可合同备案涉及专利量指标第 3 位是常州市，知识产权技术合同成交数量指标第 3 位是无锡市；知识产权质押项目数指标前三位依次是南京市、无锡市和南通市。南京市 4 项三级指标均位居江苏省首位，表现较好。

从各地区 4 项三级指标发展的均衡性来看，南京市、盐城市、淮安市、泰州市、宿迁市、无锡市、徐州市、苏州市、常州市和连云港市 10 个设区市 4 项三级指标全省位次的差异不超过 3 个，指标间发展较为均衡（表 3-9）。

2. 知识产权运用-效果指标

（1）指标设计

知识产权运用-效果指标下设 3 个三级指标：知识产权技术合同成交金额、专利质押融资金额、商标质押融资金额（图 3-10）。

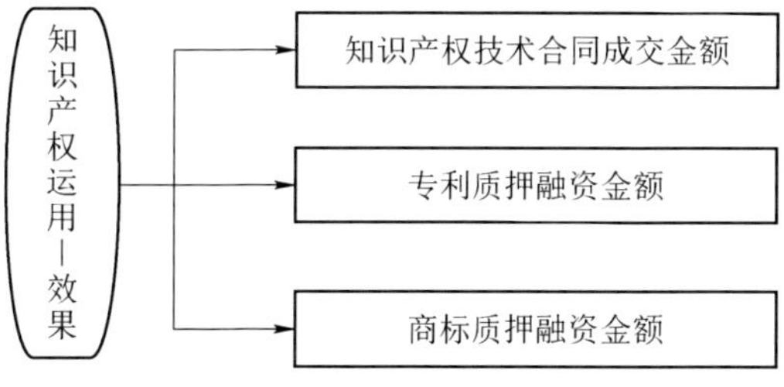

图 3-10　知识产权运用-效果三级指标设计

表 3-9　2019 年江苏知识产权运用-数量及其三级指标

地区	知识产权运用-数量		专利实施许可合同备案量		专利实施许可合同备案涉及专利量		知识产权质押项目数		知识产权技术合同成交数量	
	指数	排名	指数	排名	指数	排名	指数	排名	指数	排名
南京市	1.0000	1	1.0000	1	1.0000	1	1.0000	1	1.0000	1
无锡市	0.6202	3	0.6019	5	0.6159	4	0.6472	2	0.6196	3
徐州市	0.6115	5	0.6000	7	0.6136	5	0.6321	4	0.6000	7
常州市	0.6103	6	0.6006	6	0.6188	3	0.6039	6	0.6193	4
苏州市	0.6479	2	0.6195	2	0.6821	2	0.6269	5	0.6650	2
南通市	0.6131	4	0.6038	4	0.6000	7	0.6341	3	0.6191	5
连云港市	0.1553	11	0.0000	11	0.0000	11	0.5333	9	0.1364	12
淮安市	0.3646	10	0.5000	8	0.2143	8	0.3111	10	0.4497	8
盐城市	0.4061	8	0.5000	8	0.2143	8	0.5778	8	0.3373	9
扬州市	0.3952	9	0.5000	8	0.2143	8	0.3111	10	0.6025	6
镇江市	0.5530	7	0.6163	3	0.6043	6	0.6000	7	0.3360	10
泰州市	0.0913	12	0.0000	11	0.0000	11	0.2889	12	0.1099	13
宿迁市	0.0821	13	0.0000	11	0.0000	11	0.1778	13	0.1971	11

（2）知识产权运用-效果指标分析

总体来看，知识产权技术合同成交金额、专利质押融资金额和商标质押融资金额3项指标呈现苏南高，苏北、苏中低的特征。从3项三级指标江苏省前三位的分布来看，知识产权技术合同成交金额指标的前三位依次是苏州市、南京市和无锡市；专利质押融资金额指标的前三位依次是南京市、无锡市和常州市；商标质押融资金额指标的前三位依次是苏州市、南通市和无锡市。无锡市3项三级指标均进入江苏省前三位，表现较好。

从各地区3项三级指标发展的均衡性来看，无锡市、徐州市、连云港市、南京市和常州市5个设区市3项三级指标全省位次的差异不超过3个，指标间发展较为均衡（表3-10）。

表3-10　2019年江苏知识产权运用-效果及其三级指标

地区	知识产权运用-效果		知识产权技术合同成交金额		专利质押融资金额		商标质押融资金额	
	指数	排名	指数	排名	指数	排名	指数	排名
南京市	0.8985	1	0.9571	2	1.0000	1	0.3245	4
无锡市	0.8421	2	0.7907	3	0.9188	2	0.6000	3
徐州市	0.5847	6	0.6157	6	0.7008	4	0.0000	6
常州市	0.6065	5	0.6396	5	0.7266	3	0.0000	6
苏州市	0.7814	3	1.0000	1	0.6357	5	1.0000	1
南通市	0.6312	4	0.6983	4	0.6000	7	0.6373	2
连云港市	0.3306	8	0.6000	7	0.2843	8	0.0000	6
淮安市	0.0667	13	0.0286	13	0.0985	12	0.0000	6
盐城市	0.2143	10	0.2120	10	0.2575	9	0.0245	5
扬州市	0.1192	11	0.2404	9	0.0918	13	0.0000	6
镇江市	0.4091	7	0.1099	11	0.6329	6	0.0000	6

续表

地区	知识产权运用-效果		知识产权技术合同成交金额		专利质押融资金额		商标质押融资金额	
	指数	排名	指数	排名	指数	排名	指数	排名
泰州市	0.1145	12	0.0819	12	0.1545	11	0.0000	6
宿迁市	0.2162	9	0.3019	8	0.2261	10	0.0000	6

（三）知识产权保护三级指标分析

1. 知识产权保护-行政执法指标

（1）指标设计

知识产权保护-行政执法指标下设3个三级指标：查处专利侵权纠纷和假冒专利案件量、商标行政执法案件数量、“正版正货”承诺企业数量（图3-11）。

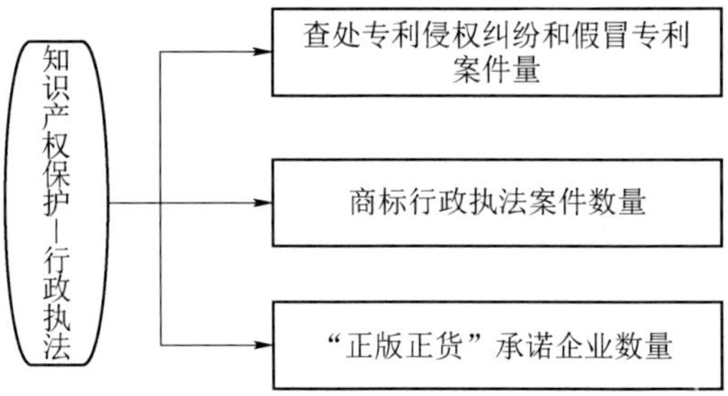

图3-11 知识产权保护-行政执法三级指标设计

（2）知识产权保护-行政执法指标分析

总体来看，查处专利侵权纠纷和假冒专利案件量、“正版正货”承诺企业数量2项指标呈现苏南、苏中高，苏北低的特征，商标行政执法案件数量指标呈现苏南高，苏中、苏北低的特征。从3项三级指标江苏省前三位的分布来看，查处专利侵权纠纷和假冒专利案件量指标的前三位依次是南通市、镇江市和常州市；商标行政执法案件数量指标的前三位依次是苏州市、南通市和无锡市；"正版正货"承诺企业数量指标的前三位依次是无锡市、南京市和泰州市。

从各地区 3 项三级指标发展的均衡性来看，连云港市、宿迁市、南京市、南通市和常州市 5 个设区市 3 项三级指标全省位次的差异不超过 3 个，指标间发展较为均衡（表 3-11）。

表 3-11　2019 年江苏知识产权保护-行政执法及其三级指标

地区	知识产权保护-行政执法		查处专利侵权纠纷和假冒专利案件量		商标行政执法案件数量		"正版正货"承诺企业数量	
	指数	排名	指数	排名	指数	排名	指数	排名
南京市	0.7648	2	0.7275	4	0.7410	4	0.8432	2
无锡市	0.7646	3	0.5561	8	0.7900	3	1.0000	1
徐州市	0.4813	9	0.6441	6	0.4836	11	0.2690	13
常州市	0.6877	5	0.7828	3	0.6170	6	0.6563	6
苏州市	0.7440	4	0.6000	7	1.0000	1	0.6000	7
南通市	0.8470	1	1.0000	1	0.8000	2	0.7106	4
连云港市	0.4402	11	0.3117	9	0.5328	9	0.4862	10
淮安市	0.5000	8	0.3103	10	0.6240	5	0.5845	8
盐城市	0.3083	12	0.0137	13	0.5328	9	0.3983	11
扬州市	0.5883	7	0.6962	5	0.4119	12	0.6764	5
镇江市	0.6735	6	0.8364	2	0.6000	7	0.5586	9
泰州市	0.4527	10	0.1181	11	0.5507	8	0.7568	3
宿迁市	0.2527	13	0.0508	12	0.3896	13	0.3362	12

2. 知识产权保护-维权援助指标

（1）指标设计

知识产权保护-维权援助指标下设 2 个三级指标：维权援助中心及分

支机构数量、维权援助中心举报投诉受理量（图 3-12）。

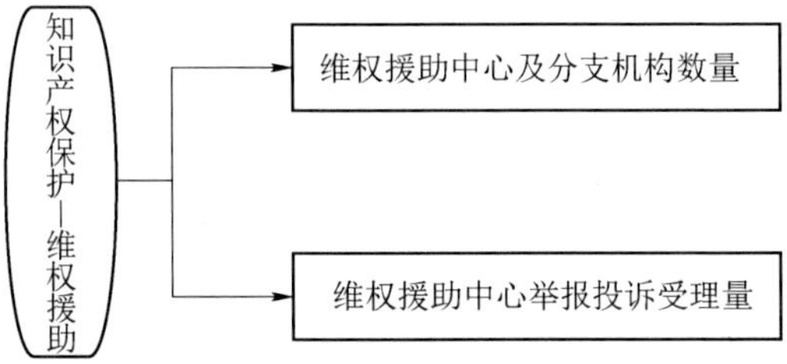

图 3-12　知识产权保护-维权援助三级指标设计

（2）知识产权保护-维权援助指标分析

总体来看，维权援助中心及分支机构数量、维权援助中心举报投诉受理量 2 项指标呈现苏中、苏南高，苏北低的特征。从 2 项三级指标江苏省前三位的分布来看，维权援助中心及分支机构数量指标的前三位依次是苏州市、常州市、南通市和盐城市（南通市和盐城市并列第 3）；维权援助中心举报投诉受理量指标的前三位依次是南通市、无锡市和泰州市。南通市 2 项三级指标均进入江苏省前三位，表现较好。

从各地区 2 项三级指标发展的均衡性来看，镇江市、南通市、泰州市、南京市、扬州市、宿迁市、苏州市、常州市和盐城市 9 个设区市 2 项三级指标全省位次的差异不超过 3 个，指标间发展较为均衡（表 3-12）。

表 3-12　2019 年江苏知识产权保护-维权援助及其三级指标

地区	知识产权保护-维权援助		维权援助中心及分支机构数量		维权援助中心举报投诉受理量	
	指数	排名	指数	排名	指数	排名
南京市	0.1800	8	0.3000	8	0.0000	6
无锡市	0.6516	4	0.6000	7	0.7290	2

续表

地区	知识产权保护-维权援助		维权援助中心及分支机构数量		维权援助中心举报投诉受理量	
	指数	排名	指数	排名	指数	排名
徐州市	0.0900	11	0.1500	11	0.0000	6
常州市	0.6088	5	0.8500	2	0.2471	5
苏州市	0.7035	2	1.0000	1	0.2588	4
南通市	0.8800	1	0.8000	3	1.0000	1
连云港市	0.0900	11	0.1500	11	0.0000	6
淮安市	0.0900	11	0.1500	11	0.0000	6
盐城市	0.4800	6	0.8000	3	0.0000	6
扬州市	0.1800	8	0.3000	8	0.0000	6
镇江市	0.4200	7	0.7000	5	0.0000	6
泰州市	0.6600	3	0.7000	5	0.6000	3
宿迁市	0.1800	8	0.3000	8	0.0000	6

（四）知识产权环境三级指标分析

1. 知识产权环境-管理指标

（1）指标设计

知识产权环境-管理指标下设5个三级指标：知识产权专项经费投入，知识产权管理机构人员数，国家知识产权试点示范县（市、区）、园区数，知识产权贯标企业数量，知识产权战略推进计划项目数（图3-13）。

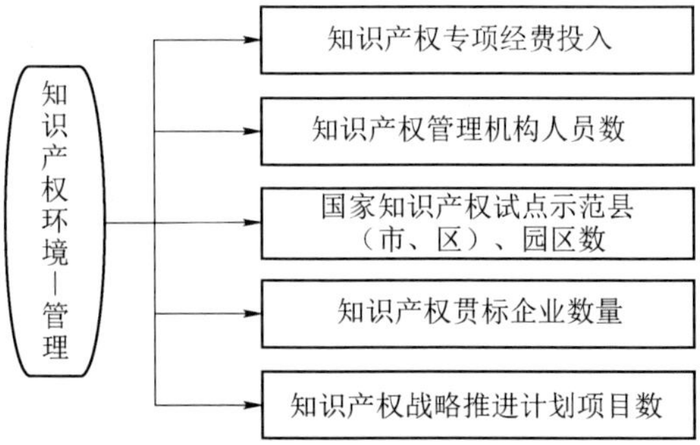

图 3-13　知识产权环境-管理三级指标设计

（2）知识产权环境-管理指标分析

总体来看，知识产权专项经费投入，知识产权管理机构人员数，国家知识产权试点示范县（市、区）、园区数，知识产权贯标企业数量，知识产权战略推进计划项目数 5 项指标呈现苏南高、苏北低的特征。从 5 项三级指标江苏省前三位的分布来看，知识产权专项经费投入、知识产权贯标企业数量、知识产权战略推进计划项目数 3 项指标的前两位均分布在苏州市和南京市，知识产权专项经费投入指标第 3 位是南通市，知识产权贯标企业数量指标第 3 位是徐州市，知识产权战略推进计划项目数指标第 3 位是常州市；知识产权管理机构人员数指标的前两位依次是南京市、苏州市和无锡市（苏州市和无锡市并列第 2）；国家知识产权试点示范县（市、区）、园区数指标的前三位依次是苏州市、南通市、南京市和无锡市（南京市和无锡市并列第 3）。苏州市和南京市 5 项三级指标均进入江苏省前三位，表现较好。

从各地区 5 项三级指标发展的均衡性来看，苏州市、南京市和泰州市 3 个设区市 5 项三级指标全省位次的差异不超过 3 个，指标间发展较为均衡（表 3-13）。

表 3-13　2019 年江苏知识产权环境-管理及其三级指标

地区	知识产权环境-管理		知识产权专项经费投入		知识产权管理机构人员数		国家知识产权试点示范县（市、区）、园区数		知识产权贯标企业数量		知识产权战略推进计划项目数	
	指数	排名	指数	排名	指数	排名	指数	排名	指数	排名	指数	排名
南京市	0.8599	2	0.7901	2	1.0000	1	0.7200	3	1.0000	1	0.8053	2
无锡市	0.6762	3	0.6299	4	0.7818	2	0.7200	3	0.5206	9	0.6842	6
徐州市	0.5562	9	0.6042	6	0.7091	4	0.6400	5	0.6913	3	0.3857	10
常州市	0.6487	5	0.3762	9	0.4909	10	0.6000	7	0.6540	5	0.7684	3
苏州市	0.9080	1	1.0000	1	0.7818	2	1.0000	1	0.7121	2	1.0000	1
南通市	0.6699	4	0.6545	3	0.4364	12	0.8000	2	0.6028	6	0.7474	4
连云港市	0.3732	12	0.2909	11	0.6000	7	0.2000	13	0.4324	10	0.3321	12
淮安市	0.3435	13	0.1918	12	0.4364	12	0.4000	9	0.1853	13	0.3643	11
盐城市	0.4440	10	0.6128	5	0.5455	9	0.4000	9	0.3309	12	0.4500	9
扬州市	0.5794	8	0.6000	7	0.6727	5	0.4000	9	0.6623	4	0.5786	8
镇江市	0.6210	6	0.3145	10	0.4909	10	0.6000	7	0.6000	7	0.7316	5
泰州市	0.6059	7	0.5257	8	0.6727	5	0.6400	5	0.5382	8	0.6000	7
宿迁市	0.3902	11	0.1718	13	0.6000	7	0.4000	9	0.4279	11	0.3000	13

2. 知识产权环境-服务指标

（1）指标设计

知识产权环境-服务指标下设 3 个三级指标：专利申请代理率、商标申请代理率、知识产权服务机构数量（图 3-14）。

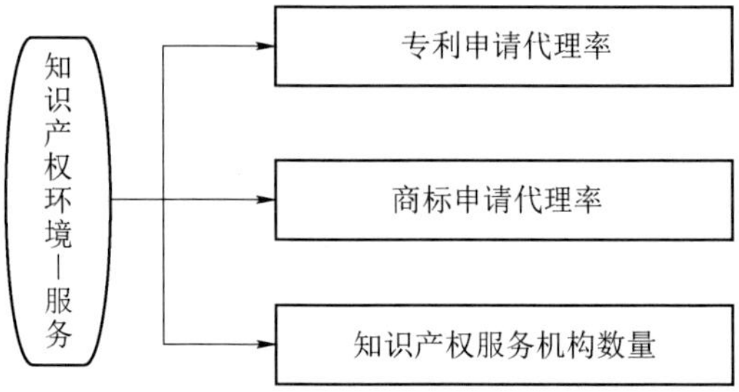

图 3-14　知识产权环境-服务三级指标设计

（2）知识产权环境-服务指标分析

总体来看，专利申请代理率和商标申请代理率 2 项指标呈现苏南高，苏中、苏北低的特征，知识产权服务机构数量指标呈现苏南高、苏北低的特征。从 3 项三级指标江苏省前三位的分布来看，专利申请代理率指标前三位依次是连云港市、无锡市和南京市；商标申请代理率指标前三位依次是常州市、南京市和扬州市；知识产权服务机构数量指标前三位依次是苏州市、南京市和无锡市。南京市 3 项三级指标均进入江苏省前三位，表现较好。

从各地区 3 项三级指标发展的均衡性来看，南京市、无锡市和常州市 3 个设区市 3 项三级指标全省位次的差异不超过 3 个，指标间发展较为均衡（表 3-14）。

表 3-14　2019 年江苏知识产权环境-服务及其三级指标

地区	知识产权环境-服务		专利申请代理率		商标申请代理率		知识产权服务机构数量	
	指数	排名	指数	排名	指数	排名	指数	排名
南京市	0.9341	1	0.8284	3	0.9785	2	0.8342	2
无锡市	0.7143	5	0.8528	2	0.6732	5	0.7252	3
徐州市	0.4794	12	0.5035	12	0.4467	12	0.6595	5
常州市	0.9027	2	0.6751	4	1.0000	1	0.6766	4
苏州市	0.6514	6	0.6569	5	0.6000	7	1.0000	1
南通市	0.5200	9	0.5285	11	0.4998	11	0.6450	6
连云港市	0.7696	4	1.0000	1	0.7536	4	0.4200	10
淮安市	0.5186	10	0.5790	8	0.5397	9	0.2500	13
盐城市	0.5734	8	0.6480	6	0.5769	8	0.4000	12
扬州市	0.7855	3	0.5668	9	0.8745	3	0.6000	7
镇江市	0.6194	7	0.6000	7	0.6548	6	0.4100	11
泰州市	0.4994	11	0.4302	13	0.5062	10	0.5900	8
宿迁市	0.4018	13	0.5461	10	0.3565	13	0.4300	9

3. 知识产权环境-人才指标

（1）指标设计

知识产权环境-人才指标下设 4 个三级指标：知识产权专业人才培训人数、知识产权工程师评定人数、通过全国专利代理师资格考试人数、知识产权领军及骨干人才数量（图 3-15）。

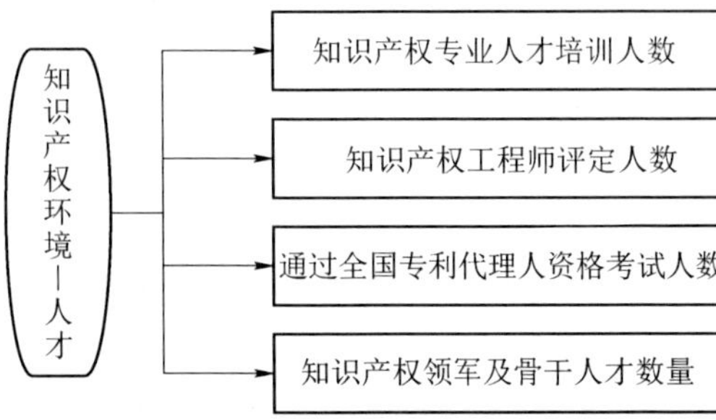

图 3-15　知识产权环境-人才三级指标设计

（2）知识产权环境-人才指标分析

总体来看，知识产权专业人才培训人数、知识产权工程师评定人数、通过全国专利代理师资格考试人数、知识产权领军及骨干人才数量 4 项指标呈现苏南高，苏中、苏北低的特征。从 4 项三级指标江苏省前三位的分布来看，知识产权专业人才培训人数、通过全国专利代理师资格考试人数 2 项指标的前三位均分布在苏州市、无锡市和南京市；知识产权工程师评定人数指标前三位依次是苏州市、常州市和南通市；知识产权领军及骨干人才数量指标前三位依次是南京市、苏州市和常州市。苏州市 4 项三级指标均进入江苏省前两位，表现较好。

从各地区 4 项三级指标发展的均衡性来看，苏州市、常州市、徐州市、连云港市、南京市、镇江市和泰州市 7 个设区市 4 项三级指标全省位次的差异不超过 3 个，指标间发展较为均衡（表 3-15）。

表 3-15　2019 年江苏知识产权环境-人才及其三级指标

地区	知识产权环境-人才		知识产权专业人才培训人数		知识产权工程师评定人数		通过全国专利代理师资格考试人数		知识产权领军及骨干人才数量	
	指数	排名	指数	排名	指数	排名	指数	排名	指数	排名
南京市	0.8328	2	0.8453	3	0.6407	4	1.0000	1	1.0000	1
无锡市	0.6636	4	0.8702	2	0.2571	10	0.7000	3	0.6136	4
徐州市	0.6266	5	0.6453	5	0.6068	6	0.6047	5	0.6136	4
常州市	0.6978	3	0.7120	4	0.6881	2	0.6698	4	0.6881	3
苏州市	0.9900	1	1.0000	1	1.0000	1	0.9744	2	0.9458	2
南通市	0.6049	7	0.5827	8	0.6475	3	0.6000	6	0.6136	4
连云港市	0.3295	11	0.4317	10	0.1714	11	0.3000	9	0.2667	9
淮安市	0.2933	12	0.4187	11	0.0857	13	0.1667	12	0.3333	8
盐城市	0.4265	9	0.4446	9	0.6000	7	0.3000	9	0.1333	13
扬州市	0.3381	10	0.3799	13	0.3429	9	0.2333	11	0.2667	9
镇江市	0.6102	6	0.6000	7	0.6407	4	0.6000	6	0.6000	7
泰州市	0.5363	8	0.6142	6	0.6000	7	0.3667	8	0.2667	9
宿迁市	0.2829	13	0.3885	12	0.1714	11	0.1000	13	0.2667	9

第四章　地区知识产权实力分项指标分析

一、南京市知识产权实力分项指标分析

2019 年南京市知识产权实力指数 0.8304，位居全省首位，较 2018 年上升 1 位。如图 4-1 所示，南京市知识产权创造、知识产权运用、知识产权保护和知识产权环境 4 项一级指标发展不均衡，知识产权创造、知识产权运用和知识产权环境 3 项一级指标指数明显高于知识产权保护指标指数。

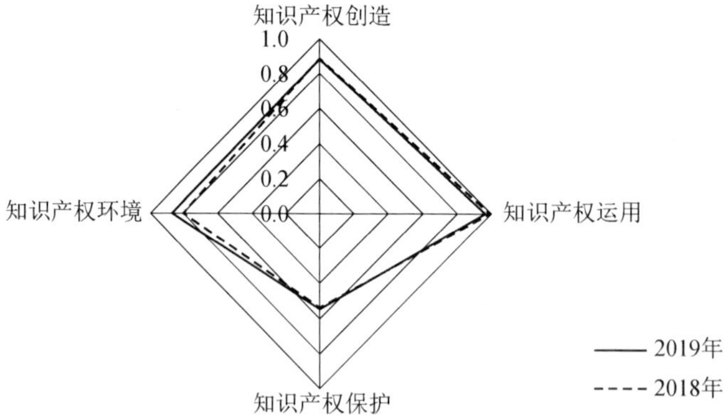

图 4-1　2018—2019 年南京市知识产权实力一级指标指数

2019年，南京市4项知识产权实力一级指标中，知识产权运用指标指数最高，为0.9619，位居全省首位。知识产权运用-数量和知识产权运用-效果2项二级指标均位居全省首位。7项三级指标中，专利实施许可合同备案量、专利实施许可合同备案涉及专利量、知识产权质押项目数、知识产权技术合同成交数量、专利质押融资金额5项指标均位居全省首位。

2019年，南京市知识产权创造指标指数为0.8857，位居全省首位。知识产权创造-数量、知识产权创造-质量和知识产权创造-效率3项二级指标分别位居全省第2、第1和第2位，其中，知识产权创造-效率指标排名较2018年下降1位。17项三级指标中，有14项指标位居全省前两位。

2019年，南京市知识产权环境指标指数为0.8730，位居全省首位，较2018年上升1位。知识产权环境-管理、知识产权环境-服务和知识产权环境-人才3项二级指标分别位居全省第2、第1和第2位，其中，知识产权环境-服务和知识产权环境-人才2项指标排名较2018年均上升1位。12项三级指标均进入全省前四位。

2019年，南京市4项知识产权实力一级指标中，知识产权保护指标指数最低，为0.5455，位居全省第6位，较2018年上升1位。知识产权保护-行政执法和知识产权保护-维权援助2项二级指标分别位居全省第2和第8位，其中，知识产权保护-维权援助指标排名较2018年上升1位。5项三级指标中，“正版正货”承诺企业数量位居全省第2位（表4-1）。

表 4-1 南京市知识产权实力分项指标指数

序号	指标	2019 年		2018 年	
		指数	排名	指数	排名
	知识产权实力指数	**0.8304**	**1**	**0.8255**	**2**
	知识产权创造	**0.8857**	**1**	**0.8942**	**1**
	数量	0.8287	2	0.7921	2
1	专利授权量	0.8402	2	0.7880	2
2	发明专利授权量	1.0000	1	1.0000	1
3	PCT 国际专利申请量	0.8674	2	0.7824	3
4	商标注册量	0.8324	2	0.7936	2
5	地理标志商标数量	0.3429	12	0.3000	11
6	集成电路布图设计登记发证数量	1.0000	1	0.9872	2
	质量	0.9595	1	0.9723	1
7	发明专利授权量占比	1.0000	1	1.0000	1
8	发明专利授权率	0.8993	2	0.9944	2
9	高维持年限发明专利拥有量	0.9235	2	0.9388	2
10	专利获奖数量	0.9314	2	0.9045	2
11	马德里商标国际注册申请量	1.0000	1	1.0000	1
	效率	0.8660	2	0.8856	1
12	每万人口发明专利拥有量	1.0000	1	1.0000	1
13	每百亿元 GDP 专利申请量	0.8744	2	1.0000	1
14	每十亿元发明专利拥有量	1.0000	1	1.0000	1
15	每百亿元高维持年限发明专利拥有量	1.0000	1	1.0000	1
16	万企有效注册商标企业数	0.5168	11	0.5168	11
17	每万户企业注册商标拥有量	0.6000	7	0.6000	7
	知识产权运用	**0.9619**	**1**	**1.0000**	**1**
	数量	1.0000	1	1.0000	1
18	专利实施许可合同备案量	1.0000	1	1.0000	1

续表

序号	指标	2019年		2018年	
		指数	排名	指数	排名
19	专利实施许可合同备案涉及专利量	1.0000	1	1.0000	1
20	知识产权质押项目数	1.0000	1	1.0000	1
21	知识产权技术合同成交数量	1.0000	1	1.0000	1
	效果	0.8985	1	1.0000	1
22	知识产权技术合同成交金额	0.9571	2	1.0000	1
23	专利质押融资金额	1.0000	1	1.0000	1
24	商标质押融资金额	0.3245	4	1.0000	1
	知识产权保护	**0.5455**	**6**	**0.5346**	**7**
	行政执法	0.7648	2	0.7473	2
25	查处专利侵权纠纷和假冒专利案件量	0.7275	4	0.7895	3
26	商标行政执法案件数量	0.7410	4	0.6624	5
27	“正版正货”承诺企业数量	0.8432	2	0.8022	2
	维权援助	0.1800	8	0.1800	9
28	维权援助中心及分支机构数量	0.3000	8	0.3000	8
29	维权援助中心举报投诉受理量	0.0000	6	0.0000	9
	知识产权环境	**0.8730**	**1**	**0.8042**	**2**
	管理	0.8599	2	0.8109	2
30	知识产权专项经费投入	0.7901	2	0.7485	2
31	知识产权管理机构人员数	1.0000	1	0.8000	3
32	国家知识产权试点示范县（市、区）、园区数	0.7200	3	0.6444	4
33	知识产权贯标企业数量	1.0000	1	1.0000	1
34	知识产权战略推进计划项目数	0.8053	2	0.8125	2
	服务	0.9341	1	0.8060	2
35	专利申请代理率	0.8284	3	0.7671	4
36	商标申请代理率	0.9785	2	0.8227	2

续表

序号	指标	2019 年		2018 年	
		指数	排名	指数	排名
37	知识产权服务机构数量	0.8342	2	0.7675	2
	人才	0.8328	2	0.7838	3
38	知识产权专业人才培训人数	0.8453	3	0.8033	3
39	知识产权工程师评定人数	0.6407	4	0.6000	7
40	通过全国专利代理师资格考试人数	1.0000	1	0.8575	2
41	知识产权领军及骨干人才数量	1.0000	1	1.0000	1

二、无锡市知识产权实力分项指标分析

2019 年无锡市知识产权实力指数 0.7212，位居全省第 3 位。如图 4-2 所示，无锡市知识产权创造、知识产权运用、知识产权保护和知识产权环境 4 项一级指标发展较为均衡。

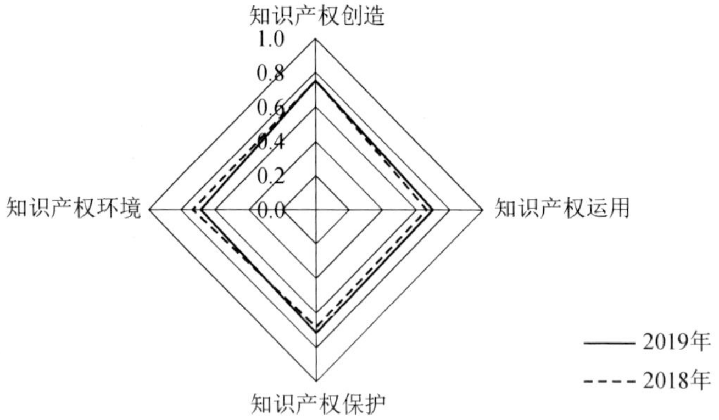

图 4-2　2018—2019 年无锡市知识产权实力一级指标指数

2019 年，无锡市 4 项知识产权实力一级指标中，知识产权创造指标指数最高，为 0.7486，位居全省第 3 位。知识产权创造-数量、知识产权创造-质量和知识产权创造-效率 3 项二级指标分别位居全省第 3、第 4 和第 4 位，其中，知识产权创造-质量指标排名较 2018 年下降 1 位。17 项三级指标中，有 10 项指标位居全省前三位。

2019 年，无锡市知识产权保护指标指数为 0.7222，位居全省第 3 位，较 2018 年上升 1 位。知识产权保护-行政执法和知识产权保护-维权援助 2 项二级指标分别位居全省第 3 和第 4 位，较 2018 年均上升 1 位。5 项三级指标中，“正版正货”承诺企业数量位居全省首位。

2019 年，无锡市知识产权运用指标指数为 0.7034，位居全省第 2 位，较 2018 年上升 1 位。知识产权运用-数量和知识产权运用-效果 2 项二级指标分别位居全省第 3 和第 2 位，其中，知识产权运用-效果指标排名较 2018 年上升 1 位。7 项三级指标中，知识产权质押项目数、专利质押融资金额 2 项指标均位居全省第 2 位，其中，专利质押融资金额指标排名较 2018 年上升 1 位。

2019 年，无锡市 4 项知识产权实力一级指标中，知识产权环境指标指数最低，为 0.6832，位居全省第 4 位，较 2018 年度下降 1 位。知识产权环境-管理、知识产权环境-服务和知识产权环境-人才 3 项二级指标分别位居全省第 3、第 5 和第 4 位，较 2018 年分别上升 1 位、下降 1 位、下降 2 位。12 项三级指标中，知识产权管理机构人员数、专利申请代理率、知识产权专业人才培训人数 3 项指标均位居全省第 2 位，其中，知识产权管理机构人员数指标排名较 2018 年上升 3 位（表 4-2）。

表 4-2 无锡市知识产权实力分项指标指数

序号	指标	2019 年		2018 年	
		指数	排名	指数	排名
	知识产权实力指数	**0.7212**	**3**	**0.7113**	**3**
	知识产权创造	**0.7486**	**3**	**0.7406**	**3**
	数量	0.6974	3	0.7076	3
1	专利授权量	0.7383	3	0.7290	3
2	发明专利授权量	0.6799	3	0.7275	3
3	PCT 国际专利申请量	0.6411	4	0.6665	4
4	商标注册量	0.6567	3	0.6423	3
5	地理标志商标数量	0.6000	6	0.6000	6
6	集成电路布图设计登记发证数量	0.8366	3	0.8272	3
	质量	0.6938	4	0.7195	3
7	发明专利授权量占比	0.6295	5	0.7196	5
8	发明专利授权率	0.7531	3	0.6240	5
9	高维持年限发明专利拥有量	0.7927	3	0.7741	3
10	专利获奖数量	0.6914	4	0.7455	3
11	马德里商标国际注册申请量	0.6730	4	0.6541	4
	效率	0.7901	4	0.7605	4
12	每万人口发明专利拥有量	0.8109	3	0.8293	3
13	每百亿元 GDP 专利申请量	0.6878	6	0.5294	10
14	每十亿元发明专利拥有量	0.7238	4	0.7563	5
15	每百亿元高维持年限发明专利拥有量	0.8380	3	0.7371	5
16	万企有效注册商标企业数	0.8558	2	0.8446	2
17	每万户企业注册商标拥有量	0.8545	3	0.9594	2
	知识产权运用	**0.7034**	**2**	**0.6669**	**3**
	数量	0.6202	3	0.6326	3
18	专利实施许可合同备案量	0.6019	5	0.6189	5

续表

序号	指标	2019 年		2018 年	
		指数	排名	指数	排名
19	专利实施许可合同备案涉及专利量	0.6159	4	0.6139	5
20	知识产权质押项目数	0.6472	2	0.6977	2
21	知识产权技术合同成交数量	0.6196	3	0.6000	7
	效果	0.8421	2	0.7241	3
22	知识产权技术合同成交金额	0.7907	3	0.6359	5
23	专利质押融资金额	0.9188	2	0.7720	3
24	商标质押融资金额	0.6000	3	0.6847	3
	知识产权保护	**0.7222**	**3**	**0.6867**	**4**
	行政执法	0.7646	3	0.6975	4
25	查处专利侵权纠纷和假冒专利案件量	0.5561	8	0.6440	6
26	商标行政执法案件数量	0.7900	3	0.5158	8
27	“正版正货” 承诺企业数量	1.0000	1	1.0000	1
	维权援助	0.6516	4	0.6686	5
28	维权援助中心及分支机构数量	0.6000	7	0.6000	6
29	维权援助中心举报投诉受理量	0.7290	2	0.7714	4
	知识产权环境	**0.6832**	**4**	**0.7216**	**3**
	管理	0.6762	3	0.6819	4
30	知识产权专项经费投入	0.6299	4	0.6744	4
31	知识产权管理机构人员数	0.7818	2	0.6000	5
32	国家知识产权试点示范县（市、区）、园区数	0.7200	3	0.7333	2
33	知识产权贯标企业数量	0.5206	9	0.6875	4
34	知识产权战略推进计划项目数	0.6842	6	0.6938	6
	服务	0.7143	5	0.7565	4
35	专利申请代理率	0.8528	2	0.8889	2
36	商标申请代理率	0.6732	5	0.7196	5

续表

序号	指标	2019 年		2018 年	
		指数	排名	指数	排名
37	知识产权服务机构数量	0. 7252	3	0. 7505	3
	人才	0. 6636	4	0. 7872	2
38	知识产权专业人才培训人数	0. 8702	2	0. 9177	2
39	知识产权工程师评定人数	0. 2571	10	0. 6706	5
40	通过全国专利代理师资格考试人数	0. 7000	3	0. 6721	3
41	知识产权领军及骨干人才数量	0. 6136	4	0. 6136	4

三、徐州市知识产权实力分项指标分析

2019 年徐州市知识产权实力指数 0. 5191，位居全省第 7 位，较 2018 年上升 3 位。如图 4-3 所示，徐州市知识产权创造、知识产权运用、知识产权保护和知识产权环境 4 项一级指标发展不均衡，知识产权创造、知识产权运用和知识产权环境 3 项指标指数要高于知识产权保护指标指数。

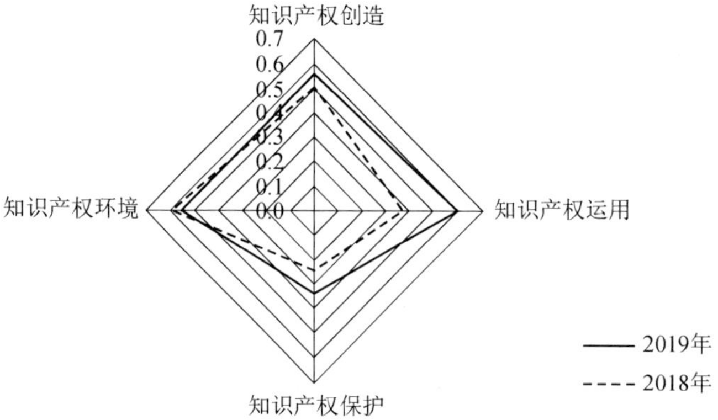

图 4-3　2018—2019 年徐州市知识产权实力一级指标指数

2019 年，徐州市 4 项知识产权实力一级指标中，知识产权运用指标指数最高，为 0.6015，位居全省第 6 位，较 2018 年上升 2 位。知识产权运用-数量和知识产权运用-效果 2 项二级指标分别位居全省第 5 和第 6 位，较 2018 年分别上升 3 位和 1 位。7 项三级指标中，知识产权质押项目数、专利质押融资金额 2 项指标均位居全省第 4 位，较 2018 年均上升 2 位。

2019 年，徐州市知识产权创造指标指数为 0.5543，位居全省第 7 位，较 2018 年上升 2 位。知识产权创造-数量、知识产权创造-质量和知识产权创造-效率 3 项二级指标分别位居全省第 7、第 5 和第 9 位，其中，知识产权创造-数量和知识产权创造-质量 2 项指标排名较 2018 年分别上升 1 位和 2 位。17 项三级指标中，发明专利授权量占比位居全省第 2 位。

2019 年，徐州市知识产权环境指标指数为 0.5511，位居全省第 9 位，较 2018 年下降 2 位。知识产权环境-管理、知识产权环境-服务和知识产权环境-人才 3 项二级指标分别位居全省第 9、第 12 和第 5 位，较 2018 年分别下降 3 位、下降 3 位和上升 2 位。12 项三级指标中，知识产权贯标企业数量位居全省第 3 位，较 2018 年上升 2 位。

2019 年，徐州市 4 项知识产权实力一级指标中，知识产权保护指标指数为 0.3345，位居全省第 11 位。知识产权保护-行政执法和知识产权保护-维权援助 2 项二级指标分别位居全省第 9 和第 11 位，较 2018 年分别上升 2 位和下降 1 位。5 项三级指标中，查处专利侵权纠纷和假冒专利案件量位居全省第 6 位，较 2018 年上升 2 位（表 4-3）。

表 4-3 徐州市知识产权实力分项指标指数

序号	指标	2019 年		2018 年	
		指数	排名	指数	排名
	知识产权实力指数	**0.5191**	**7**	**0.4446**	**10**
	知识产权创造	**0.5543**	**7**	**0.5083**	**9**
	数量	0.4950	7	0.4521	8
1	专利授权量	0.4812	10	0.4236	10
2	发明专利授权量	0.6067	5	0.6000	7
3	PCT 国际专利申请量	0.6110	6	0.6000	7
4	商标注册量	0.6196	4	0.6065	4
5	地理标志商标数量	0.4714	8	0.3000	11
6	集成电路布图设计登记发证数量	0.1935	9	0.2000	9
	质量	0.6778	5	0.6416	7
7	发明专利授权量占比	0.8983	2	0.8352	2
8	发明专利授权率	0.4616	8	0.5866	8
9	高维持年限发明专利拥有量	0.4370	9	0.4630	10
10	专利获奖数量	0.6457	6	0.5053	8
11	马德里商标国际注册申请量	0.4200	9	0.1714	13
	效率	0.5111	9	0.4593	9
12	每万人口发明专利拥有量	0.5118	9	0.4361	9
13	每百亿元 GDP 专利申请量	0.5793	8	0.3711	12
14	每十亿元发明专利拥有量	0.6000	7	0.6000	7
15	每百亿元高维持年限发明专利拥有量	0.2773	11	0.2664	11
16	万企有效注册商标企业数	0.5762	9	0.5793	9
17	每万户企业注册商标拥有量	0.5105	12	0.4823	13
	知识产权运用	**0.6015**	**6**	**0.3813**	**8**
	数量	0.6115	5	0.2867	8
18	专利实施许可合同备案量	0.6000	7	0.0316	10

续表

序号	指标	2019年		2018年	
		指数	排名	指数	排名
19	专利实施许可合同备案涉及专利量	0.6136	5	0.0316	9
20	知识产权质押项目数	0.6321	4	0.6137	6
21	知识产权技术合同成交数量	0.6000	7	0.6086	5
	效果	0.5847	6	0.5390	7
22	知识产权技术合同成交金额	0.6157	6	0.6171	6
23	专利质押融资金额	0.7008	4	0.6240	6
24	商标质押融资金额	0.0000	6	0.0000	8
	知识产权保护	**0.3345**	**11**	**0.2479**	**11**
	行政执法	0.4813	9	0.3427	11
25	查处专利侵权纠纷和假冒专利案件量	0.6441	6	0.4213	8
26	商标行政执法案件数量	0.4836	11	0.3158	10
27	“正版正货”承诺企业数量	0.2690	13	0.2761	13
	维权援助	0.0900	11	0.0900	10
28	维权援助中心及分支机构数量	0.1500	11	0.1500	9
29	维权援助中心举报投诉受理量	0.0000	6	0.0000	9
	知识产权环境	**0.5511**	**9**	**0.5772**	**7**
	管理	0.5562	9	0.6148	6
30	知识产权专项经费投入	0.6042	6	0.6000	7
31	知识产权管理机构人员数	0.7091	4	1.0000	1
32	国家知识产权试点示范县（市、区）、园区数	0.6400	5	0.6444	4
33	知识产权贯标企业数量	0.6913	3	0.6781	5
34	知识产权战略推进计划项目数	0.3857	10	0.4038	10
	服务	0.4794	12	0.4984	9
35	专利申请代理率	0.5035	12	0.5828	8
36	商标申请代理率	0.4467	12	0.4571	11

续表

序号	指标	2019 年		2018 年	
		指数	排名	指数	排名
37	知识产权服务机构数量	0.6595	5	0.6187	6
	人才	0.6266	5	0.5722	7
38	知识产权专业人才培训人数	0.6453	5	0.6020	6
39	知识产权工程师评定人数	0.6068	6	0.4667	9
40	通过全国专利代理师资格考试人数	0.6047	5	0.6223	5
41	知识产权领军及骨干人才数量	0.6136	4	0.6136	4

四、常州市知识产权实力分项指标分析

2019 年常州市知识产权实力指数 0.6886，位居全省第 4 位。如图 4-4 所示，常州市知识产权创造、知识产权运用、知识产权保护和知识产权环境 4 项一级指标发展较为均衡。

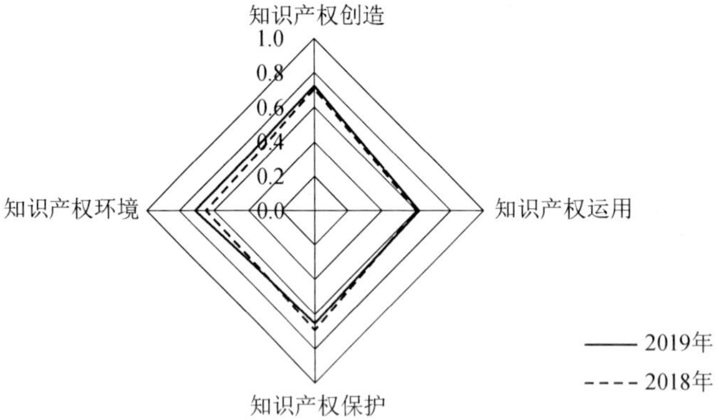

图 4-4　2018—2019 年常州市知识产权实力一级指标指数

2019年，常州市4项知识产权实力一级指标中，知识产权创造指标指数最高，为0.7270，位居全省第4位。知识产权创造-数量、知识产权创造-质量和知识产权创造-效率3项二级指标分别位居全省第5、第7和第3位，其中，知识产权创造-质量指标排名较2018年下降2位。17项三级指标中，万企有效注册商标企业数位居全省首位。

2019年，常州市知识产权环境指标指数为0.7220，位居全省第3位，较2018年上升1位。知识产权环境-管理、知识产权环境-服务和知识产权环境-人才3项二级指标分别位居全省第5、第2和第3位，较2018年分别上升2位、4位和1位。12项三级指标中，商标申请代理率位居全省首位，较2018年上升5位。

2019年，常州市知识产权保护指标指数为0.6581，位居全省第4位，较2018年下降1位。知识产权保护-行政执法和知识产权保护-维权援助2项二级指标均位居全省第5位，其中，知识产权保护-维权援助指标排名较2018年下降2位。5项三级指标中，维权援助中心及分支机构数量位居全省第2位。

2019年，常州市4项知识产权实力一级指标中，知识产权运用指标指数最低，为0.6088，位居全省第5位。知识产权运用-数量和知识产权运用-效果2项二级指标分别位居全省第6和第5位，较2018年分别下降1位和上升1位。7项三级指标中，专利实施许可合同备案涉及专利量、专利质押融资金额2项指标均位居全省第3位，较2018年分别上升4位和1位（表4-4）。

表4-4 常州市知识产权实力分项指标指数

序号	指标	2019年		2018年	
		指数	排名	指数	排名
	知识产权实力指数	**0.6886**	**4**	**0.6751**	**4**
	知识产权创造	**0.7270**	**4**	**0.7153**	**4**
	数量	0.5956	5	0.5803	5
1	专利授权量	0.6559	4	0.6494	5
2	发明专利授权量	0.6120	4	0.6294	5
3	PCT国际专利申请量	0.6836	3	0.6102	6
4	商标注册量	0.6000	7	0.6006	5
5	地理标志商标数量	0.3857	11	0.3429	10
6	集成电路布图设计登记发证数量	0.6000	7	0.6000	6
	质量	0.6329	7	0.6601	5
7	发明专利授权量占比	0.6023	6	0.6626	6
8	发明专利授权率	0.6048	6	0.6031	6
9	高维持年限发明专利拥有量	0.6908	5	0.6857	5
10	专利获奖数量	0.7371	3	0.6773	5
11	马德里商标国际注册申请量	0.4200	9	0.6271	6
	效率	0.8111	3	0.7813	3
12	每万人口发明专利拥有量	0.7549	5	0.7669	5
13	每百亿元GDP专利申请量	0.7768	3	0.5736	8
14	每十亿元发明专利拥有量	0.7068	5	0.7413	6
15	每百亿元高维持年限发明专利拥有量	0.8044	4	0.7378	4
16	万企有效注册商标企业数	1.0000	1	1.0000	1
17	每万户企业注册商标拥有量	0.8571	2	0.9498	3
	知识产权运用	**0.6088**	**5**	**0.6019**	**5**
	数量	0.6103	6	0.6042	5
18	专利实施许可合同备案量	0.6006	6	0.6000	6

续表

序号	指标	2019年		2018年	
		指数	排名	指数	排名
19	专利实施许可合同备案涉及专利量	0.6188	3	0.6000	7
20	知识产权质押项目数	0.6039	6	0.6153	5
21	知识产权技术合同成交数量	0.6193	4	0.6025	6
	效果	0.6065	5	0.5983	6
22	知识产权技术合同成交金额	0.6396	5	0.6775	3
23	专利质押融资金额	0.7266	3	0.6960	4
24	商标质押融资金额	0.0000	6	0.0000	8
	知识产权保护	**0.6581**	**4**	**0.6894**	**3**
	行政执法	0.6877	5	0.6495	5
25	查处专利侵权纠纷和假冒专利案件量	0.7828	3	0.8040	2
26	商标行政执法案件数量	0.6170	6	0.6741	3
27	“正版正货”承诺企业数量	0.6563	6	0.4195	9
	维权援助	0.6088	5	0.7557	3
28	维权援助中心及分支机构数量	0.8500	2	0.8500	2
29	维权援助中心举报投诉受理量	0.2471	5	0.6143	6
	知识产权环境	**0.7220**	**3**	**0.6535**	**4**
	管理	0.6487	5	0.6054	7
30	知识产权专项经费投入	0.3762	9	0.5439	10
31	知识产权管理机构人员数	0.4909	10	0.6000	5
32	国家知识产权试点示范县（市、区）、园区数	0.6000	7	0.6000	6
33	知识产权贯标企业数量	0.6540	5	0.3909	9
34	知识产权战略推进计划项目数	0.7684	3	0.7125	5
	服务	0.9027	2	0.6911	6
35	专利申请代理率	0.6751	4	0.6846	5
36	商标申请代理率	1.0000	1	0.7018	6

续表

序号	指标	2019 年		2018 年	
		指数	排名	指数	排名
37	知识产权服务机构数量	0.6766	4	0.6299	4
	人才	0.6978	3	0.7385	4
38	知识产权专业人才培训人数	0.7120	4	0.7047	4
39	知识产权工程师评定人数	0.6881	2	0.8706	3
40	通过全国专利代理师资格考试人数	0.6698	4	0.6601	4
41	知识产权领军及骨干人才数量	0.6881	3	0.6881	3

五、苏州市知识产权实力分项指标分析

2019 年苏州市知识产权实力指数 0.8018，位居全省第 2 位，较 2018 年下降 1 位。如图 4-5 所示，苏州市知识产权创造、知识产权运用、知识产权保护和知识产权环境 4 项一级指标发展较为均衡。

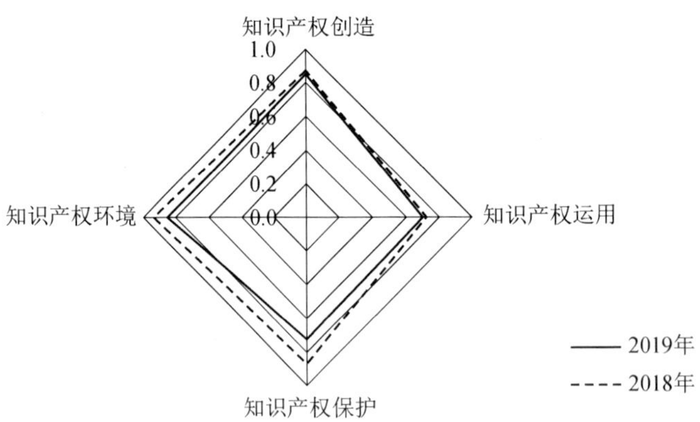

图 4-5　2018—2019 年苏州市知识产权实力一级指标指数

2019 年，苏州市 4 项知识产权实力一级指标中，知识产权创造指标指数最高，为 0. 8609，位居全省第 2 位。知识产权创造-数量、知识产权创造-质量和知识产权创造-效率 3 项二级指标分别位居全省第 1、第 2 和第 1 位，其中，知识产权创造-效率指标排名较 2018 年上升 1 位。17 项三级指标中，14 项指标位居全省前三位。

2019 年，苏州市知识产权环境指标指数为 0. 8602，位居全省第 2 位，较 2018 年下降 1 位。知识产权环境-管理、知识产权环境-服务和知识产权环境-人才 3 项二级指标分别位居全省第 1、第 6 和第 1 位，其中，知识产权环境-服务指标排名较 2018 年下降 3 位。12 项三级指标中，10 项指标位居全省前两位。

2019 年，苏州市知识产权保护指标指数为 0. 7288，位居全省第 2 位，较 2018 年下降 1 位。知识产权保护-行政执法和知识产权保护-维权援助 2 项二级指标分别位居全省第 4 和第 2 位，较 2018 年分别下降 3 位和 1 位。5 项三级指标中，商标行政执法案件数量、维权援助中心及分支机构数量 2 项指标均位居全省首位。

2019 年，苏州市 4 项知识产权实力一级指标中，知识产权运用指标指数最低，为 0. 6980，位居全省第 3 位，较 2018 年下降 1 位。知识产权运用-数量和知识产权运用-效果 2 项二级指标分别位居全省第 2 和第 3 位，其中，知识产权运用-效果指标排名较 2018 年下降 1 位。7 项三级指标中，知识产权技术合同成交金额、商标质押融资金额 2 项指标均位居全省首位，较 2018 年均上升 1 位（表 4-5）。

表 4-5 苏州市知识产权实力分项指标指数

序号	指标	2019 年		2018 年	
		指数	排名	指数	排名
	知识产权实力指数	**0.8018**	**2**	**0.8603**	**1**
	知识产权创造	**0.8609**	**2**	**0.8795**	**2**
	数量	0.8828	1	0.9371	1
1	专利授权量	1.0000	1	1.0000	1
2	发明专利授权量	0.8397	2	0.9891	2
3	PCT 国际专利申请量	1.0000	1	1.0000	1
4	商标注册量	1.0000	1	1.0000	1
5	地理标志商标数量	0.6107	5	0.6072	4
6	集成电路布图设计登记发证数量	0.8679	2	1.0000	1
	质量	0.7561	2	0.8504	2
7	发明专利授权量占比	0.5979	8	0.7253	4
8	发明专利授权率	0.6056	5	0.8304	3
9	高维持年限发明专利拥有量	1.0000	1	1.0000	1
10	专利获奖数量	1.0000	1	1.0000	1
11	马德里商标国际注册申请量	0.8372	2	0.9652	2
	效率	0.9058	1	0.8772	2
12	每万人口发明专利拥有量	0.9217	2	0.9436	2
13	每百亿元 GDP 专利申请量	1.0000	1	0.8887	3
14	每十亿元发明专利拥有量	0.8577	2	0.8734	2
15	每百亿元高维持年限发明专利拥有量	0.9125	2	0.8449	2
16	万企有效注册商标企业数	0.8360	3	0.7994	3
17	每万户企业注册商标拥有量	1.0000	1	1.0000	1
	知识产权运用	**0.6980**	**3**	**0.7260**	**2**
	数量	0.6479	2	0.6622	2
18	专利实施许可合同备案量	0.6195	2	0.6428	4

续表

序号	指标	2019 年		2018 年	
		指数	排名	指数	排名
19	专利实施许可合同备案涉及专利量	0. 6821	2	0. 6651	2
20	知识产权质押项目数	0. 6269	5	0. 6931	3
21	知识产权技术合同成交数量	0. 6650	2	0. 6484	2
	效果	0. 7814	3	0. 8323	2
22	知识产权技术合同成交金额	1. 0000	1	0. 9042	2
23	专利质押融资金额	0. 6357	5	0. 8280	2
24	商标质押融资金额	1. 0000	1	0. 7078	2
	知识产权保护	**0. 7288**	**2**	**0. 8711**	**1**
	行政执法	0. 7440	4	0. 8898	1
25	查处专利侵权纠纷和假冒专利案件量	0. 6000	7	1. 0000	1
26	商标行政执法案件数量	1. 0000	1	1. 0000	1
27	“正版正货”承诺企业数量	0. 6000	7	0. 6065	6
	维权援助	0. 7035	2	0. 8400	1
28	维权援助中心及分支机构数量	1. 0000	1	1. 0000	1
29	维权援助中心举报投诉受理量	0. 2588	4	0. 6000	7
	知识产权环境	**0. 8602**	**2**	**0. 9452**	**1**
	管理	0. 9080	1	0. 9966	1
30	知识产权专项经费投入	1. 0000	1	1. 0000	1
31	知识产权管理机构人员数	0. 7818	2	1. 0000	1
32	国家知识产权试点示范县（市、区）、园区数	1. 0000	1	1. 0000	1
33	知识产权贯标企业数量	0. 7121	2	0. 9813	2
34	知识产权战略推进计划项目数	1. 0000	1	1. 0000	1
	服务	0. 6514	6	0. 7936	3
35	专利申请代理率	0. 6569	5	0. 7835	3
36	商标申请代理率	0. 6000	7	0. 7671	4

续表

序号	指标	2019 年		2018 年	
		指数	排名	指数	排名
37	知识产权服务机构数量	1.0000	1	1.0000	1
	人才	0.9900	1	0.9932	1
38	知识产权专业人才培训人数	1.0000	1	1.0000	1
39	知识产权工程师评定人数	1.0000	1	1.0000	1
40	通过全国专利代理师资格考试人数	0.9744	2	1.0000	1
41	知识产权领军及骨干人才数量	0.9458	2	0.9458	2

六、南通市知识产权实力分项指标分析

2019 年南通市知识产权实力指数 0.6867，位居全省第 5 位。如图 4-6 所示，南通市知识产权创造、知识产权运用、知识产权保护和知识产权环境 4 项一级指标发展不均衡，知识产权保护指标指数高于知识产权创造、知识产权运用和知识产权环境 3 项指标指数。

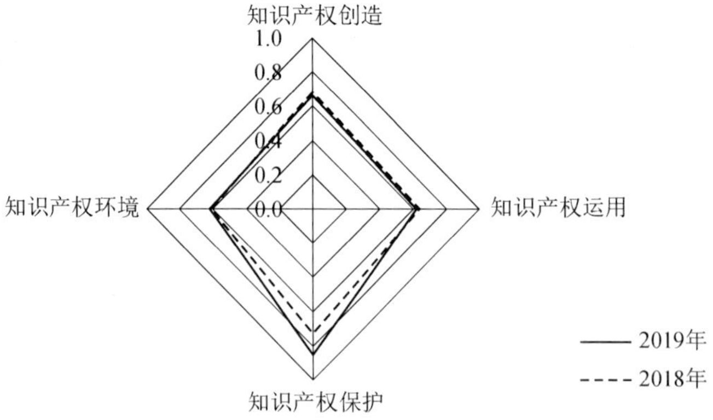

图 4-6　2018—2019 年南通市知识产权实力一级指标指数

2019 年，南通市 4 项知识产权实力一级指标中，知识产权保护指标指数最高，为 0.8593，位居全省首位，较 2018 年上升 1 位。知识产权保护-行政执法和知识产权保护-维权援助 2 项二级指标均位居全省首位，较 2018 年分别上升 2 位和 3 位。5 项三级指标中，查处专利侵权纠纷和假冒专利案件量、维权援助中心举报投诉受理量 2 项指标均位居全省首位，较 2018 年分别上升 4 位和 1 位。

2019 年，南通市知识产权创造指标指数为 0.6675，位居全省第 5 位。知识产权创造-数量、知识产权创造-质量和知识产权创造-效率 3 项二级指标分别位居全省第 4、第 6 和第 6 位。17 项三级指标中，地理标志商标数量位居全省第 3 位。

2019 年，南通市知识产权运用指标指数为 0.6199，位居全省第 4 位。知识产权运用-数量和知识产权运用-效果 2 项二级指标均位居全省第 4 位。7 项三级指标中，商标质押融资金额位居全省第 2 位，较 2018 年上升 2 位。

2019 年，南通市 4 项知识产权实力一级指标中，知识产权环境指标指数最低，为 0.6194，位居全省第 5 位，较 2018 年上升 1 位。知识产权环境-管理、知识产权环境-服务和知识产权环境-人才 3 项二级指标分别位居全省第 4、第 9 和第 7 位，较 2018 年分别下降 1 位、上升 1 位、上升 1 位。12 项三级指标中，国家知识产权试点示范县（市、区）、园区数位居全省第 2 位（表 4-6）。

表 4-6 南通市知识产权实力分项指标指数

序号	指标	2019 年		2018 年	
		指数	排名	指数	排名
	知识产权实力指数	**0.6867**	**5**	**0.6720**	**5**
	知识产权创造	**0.6675**	**5**	**0.6884**	**5**
	数量	0.6218	4	0.6615	4
1	专利授权量	0.6252	5	0.6577	4
2	发明专利授权量	0.6000	7	0.6064	6
3	PCT 国际专利申请量	0.6376	5	0.8171	2
4	商标注册量	0.6076	5	0.6000	7
5	地理标志商标数量	0.6321	3	0.6288	3
6	集成电路布图设计登记发证数量	0.6300	4	0.6576	4
	质量	0.6561	6	0.6454	6
7	发明专利授权量占比	0.6384	4	0.5847	8
8	发明专利授权率	0.6000	7	0.7424	4
9	高维持年限发明专利拥有量	0.7209	4	0.7155	4
10	专利获奖数量	0.6800	5	0.7136	4
11	马德里商标国际注册申请量	0.6056	6	0.4071	9
	效率	0.6863	6	0.7172	6
12	每万人口发明专利拥有量	0.7043	6	0.7196	6
13	每百亿元 GDP 专利申请量	0.4851	11	0.6145	6
14	每十亿元发明专利拥有量	0.7047	6	0.7679	4
15	每百亿元高维持年限发明专利拥有量	0.7800	5	0.7435	3
16	万企有效注册商标企业数	0.7295	5	0.7204	5
17	每万户企业注册商标拥有量	0.6472	5	0.7156	5
	知识产权运用	**0.6199**	**4**	**0.6411**	**4**
	数量	0.6131	4	0.6196	4
18	专利实施许可合同备案量	0.6038	4	0.6000	6

续表

序号	指标	2019年		2018年	
		指数	排名	指数	排名
19	专利实施许可合同备案涉及专利量	0.6000	7	0.6048	6
20	知识产权质押项目数	0.6341	3	0.6656	4
21	知识产权技术合同成交数量	0.6191	5	0.6127	4
	效果	0.6312	4	0.6768	4
22	知识产权技术合同成交金额	0.6983	4	0.6624	4
23	专利质押融资金额	0.6000	7	0.6920	5
24	商标质押融资金额	0.6373	2	0.6368	4
	知识产权保护	**0.8593**	**1**	**0.7293**	**2**
	行政执法	0.8470	1	0.7169	3
25	查处专利侵权纠纷和假冒专利案件量	1.0000	1	0.6995	5
26	商标行政执法案件数量	0.8000	2	0.7661	2
27	“正版正货”承诺企业数量	0.7106	4	0.6761	3
	维权援助	0.8800	1	0.7500	4
28	维权援助中心及分支机构数量	0.8000	3	0.7000	4
29	维权援助中心举报投诉受理量	1.0000	1	0.8250	2
	知识产权环境	**0.6194**	**5**	**0.6130**	**6**
	管理	0.6699	4	0.7179	3
30	知识产权专项经费投入	0.6545	3	0.7045	3
31	知识产权管理机构人员数	0.4364	12	0.7000	4
32	国家知识产权试点示范县（市、区）、园区数	0.8000	2	0.7333	2
33	知识产权贯标企业数量	0.6028	6	0.6656	6
34	知识产权战略推进计划项目数	0.7474	4	0.7438	4
	服务	0.5200	9	0.4810	10
35	专利申请代理率	0.5285	11	0.3330	13
36	商标申请代理率	0.4998	11	0.5020	9

续表

序号	指标	2019 年		2018 年	
		指数	排名	指数	排名
37	知识产权服务机构数量	0.6450	6	0.6299	4
	人才	0.6049	7	0.4896	8
38	知识产权专业人才培训人数	0.5827	8	0.5206	8
39	知识产权工程师评定人数	0.6475	3	0.3333	10
40	通过全国专利代理师资格考试人数	0.6000	6	0.5538	8
41	知识产权领军及骨干人才数量	0.6136	4	0.6136	4

七、连云港市知识产权实力分项指标分析

2019 年连云港市知识产权实力指数 0.3857，位居全省第 11 位。如图 4-7 所示，连云港市知识产权创造、知识产权运用、知识产权保护和知识产权环境 4 项一级指标发展不均衡，知识产权创造和知识产权环境指标指数要高于知识产权运用和知识产权保护指标指数。

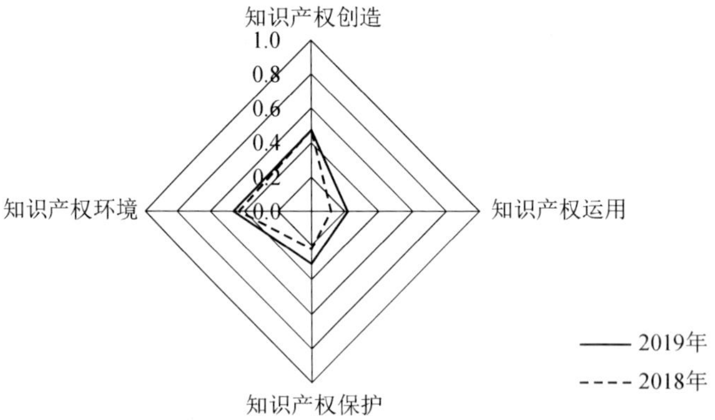

图 4-7　2018—2019 年连云港市知识产权实力一级指标指数

2019年，连云港市4项知识产权实力一级指标中，知识产权创造指标指数最高，为0.4674，位居全省第10位。知识产权创造-数量、知识产权创造-质量和知识产权创造-效率3项二级指标分别位居全省第11、第8和第10位。17项三级指标中，发明专利授权率位居全省首位。

2019年，连云港市知识产权环境指标指数为0.4635，位居全省第11位。知识产权环境-管理、知识产权环境-服务和知识产权环境-人才3项二级指标指数分别位居全省第12、第4和第11位，较2018年分别下降1位、上升3位、下降1位。12项三级指标中，专利申请代理率位居全省首位。

2019年，连云港市知识产权保护指标指数为0.3089，位居全省第12位。知识产权保护-行政执法和知识产权保护-维权援助2项二级指标均位居全省第11位，较2018年分别上升1位和下降1位。

2019年，连云港市4项知识产权实力一级指标中，知识产权运用指标指数最低，为0.2210，位居全省第11位。知识产权运用-数量和知识产权运用-效果2项二级指标分别位居全省第11和第8位，较2018年分别上升1位和3位。7项三级指标中，知识产权技术合同成交金额位居全省第7位（表4-7）。

表4-7 连云港市知识产权实力分项指标指数

序号	指标	2019年		2018年	
		指数	排名	指数	排名
	知识产权实力指数	**0.3857**	**11**	**0.3428**	**11**
	知识产权创造	**0.4674**	**10**	**0.4755**	**10**
	数量	0.3657	11	0.3411	12
1	专利授权量	0.1933	13	0.2181	13
2	发明专利授权量	0.1375	12	0.1351	11

续表

序号	指标	2019 年		2018 年	
		指数	排名	指数	排名
3	PCT 国际专利申请量	0.6000	7	0.4114	10
4	商标注册量	0.4048	9	0.4096	8
5	地理标志商标数量	0.4714	8	0.4714	8
6	集成电路布图设计登记发证数量	0.6072	6	0.6000	6
	质量	0.5762	8	0.5901	8
7	发明专利授权量占比	0.6000	7	0.5230	9
8	发明专利授权率	1.0000	1	1.0000	1
9	高维持年限发明专利拥有量	0.4155	10	0.4639	9
10	专利获奖数量	0.3333	8	0.6000	7
11	马德里商标国际注册申请量	0.6000	7	0.6329	5
	效率	0.4436	10	0.4584	10
12	每万人口发明专利拥有量	0.2763	11	0.2788	11
13	每百亿元 GDP 专利申请量	0.3281	13	0.3325	13
14	每十亿元发明专利拥有量	0.3788	11	0.4823	10
15	每百亿元高维持年限发明专利拥有量	0.6000	7	0.6304	6
16	万企有效注册商标企业数	0.6119	6	0.5523	10
17	每万户企业注册商标拥有量	0.5941	8	0.5785	9
	知识产权运用	**0.2210**	**11**	**0.1169**	**11**
	数量	0.1553	11	0.0478	12
18	专利实施许可合同备案量	0.0000	11	0.0000	11
19	专利实施许可合同备案涉及专利量	0.0000	11	0.0000	11
20	知识产权质押项目数	0.5333	9	0.1333	12
21	知识产权技术合同成交数量	0.1364	12	0.0790	11
	效果	0.3306	8	0.2320	11
22	知识产权技术合同成交金额	0.6000	7	0.6000	7

续表

序号	指标	2019 年		2018 年	
		指数	排名	指数	排名
23	专利质押融资金额	0.2843	8	0.1200	12
24	商标质押融资金额	0.0000	6	0.0000	8
	知识产权保护	**0.3089**	**12**	**0.2183**	**12**
	行政执法	0.4402	11	0.2953	12
25	查处专利侵权纠纷和假冒专利案件量	0.3117	9	0.3678	11
26	商标行政执法案件数量	0.5328	9	0.1263	12
27	“正版正货”承诺企业数量	0.4862	10	0.4195	9
	维权援助	0.0900	11	0.0900	10
28	维权援助中心及分支机构数量	0.1500	11	0.1500	9
29	维权援助中心举报投诉受理量	0.0000	6	0.0000	9
	知识产权环境	**0.4635**	**11**	**0.4275**	**11**
	管理	0.3732	12	0.3530	11
30	知识产权专项经费投入	0.2909	11	0.3237	12
31	知识产权管理机构人员数	0.6000	7	0.5250	9
32	国家知识产权试点示范县（市、区）、园区数	0.2000	13	0.2000	10
33	知识产权贯标企业数量	0.4324	10	0.3566	10
34	知识产权战略推进计划项目数	0.3321	12	0.3462	12
	服务	0.7696	4	0.6233	7
35	专利申请代理率	1.0000	1	1.0000	1
36	商标申请代理率	0.7536	4	0.5811	8
37	知识产权服务机构数量	0.4200	10	0.1651	13
	人才	0.3295	11	0.3880	10
38	知识产权专业人才培训人数	0.4317	10	0.3926	11
39	知识产权工程师评定人数	0.1714	11	0.3333	10
40	通过全国专利代理师资格考试人数	0.3000	9	0.6000	7
41	知识产权领军及骨干人才数量	0.2667	9	0.2667	9

八、淮安市知识产权实力分项指标分析

2019 年淮安市知识产权实力指数 0. 3152，位居全省第 12 位。如图 4-8 所示，淮安市知识产权创造、知识产权运用、知识产权保护和知识产权环境 4 项一级指标发展较为均衡。

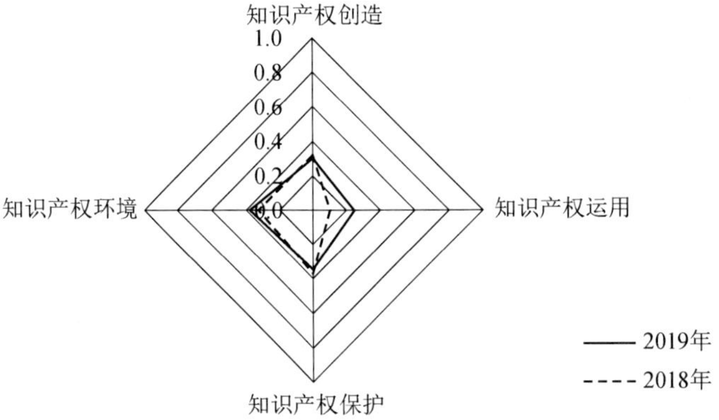

图 4-8　2018—2019 年淮安市知识产权实力一级指标指数

2019 年，淮安市 4 项知识产权实力一级指标中，知识产权环境指标指数最高，为 0. 3772，位居全省第 12 位。知识产权环境-管理、知识产权环境-服务和知识产权环境-人才 3 项二级指标分别位居全省第 13、第 10 和第 12 位，较 2018 年分别下降 1 位、上升 1 位、上升 1 位。12 项三级指标中，专利申请代理率、知识产权领军及骨干人才数量 2 项指标均位居全省第 8 位，其中，专利申请代理率指标排名较 2018 年上升 2 位。

2019 年，淮安市知识产权保护指标为 0. 3463，位居全省第 10 位，较 2018 年下降 1 位。知识产权保护-行政执法和知识产权保护-维权援助 2

项二级指标分别位居全省第 8 和 11 位，较 2018 年分别上升 2 位和下降 3 位。5 项三级指标中，商标行政执法案件数量位居全省第 5 位，较 2018 年上升 6 位。

2019 年，淮安市知识产权创造指标指数为 0.2998，位居全省第 12 位。知识产权创造-数量、知识产权创造-质量和知识产权创造-效率 3 项二级指标均位居全省第 12 位，其中，知识产权创造-数量指标排名较 2018 年下降 2 位。17 项三级指标中，地理标志商标数量位居全省首位。

2019 年，淮安市 4 项知识产权实力一级指标中，知识产权运用指标指数最低，为 0.2529，位居全省第 10 位，较 2018 年上升 2 位。知识产权运用-数量和知识产权运用-效果 2 项二级指标分别位居全省第 10 和第 13 位，较 2018 年分别上升 1 位和下降 1 位。7 项三级指标中，专利实施许可合同备案量、专利实施许可合同备案涉及专利量和知识产权技术合同成交数量 3 项指标均位居全省第 8 位，较 2018 年分别上升 1 位、1 位和 2 位（表 4-8）。

表 4-8　淮安市知识产权实力分项指标指数

序号	指标	2019 年		2018 年	
		指数	排名	指数	排名
	知识产权实力指数	**0.3152**	**12**	**0.2907**	**12**
	知识产权创造	**0.2998**	**12**	**0.3207**	**12**
	数量	0.3117	12	0.4044	10
1	专利授权量	0.2931	12	0.3272	11
2	发明专利授权量	0.1378	11	0.1165	12
3	PCT 国际专利申请量	0.1858	12	0.1714	12
4	商标注册量	0.3111	11	0.3764	10

续表

序号	指标	2019 年		2018 年	
		指数	排名	指数	排名
5	地理标志商标数量	1.0000	1	1.0000	1
6	集成电路布图设计登记发证数量	0.0387	10	0.6032	5
	质量	0.2772	12	0.2704	12
7	发明专利授权量占比	0.3964	11	0.3005	12
8	发明专利授权率	0.2965	12	0.2531	12
9	高维持年限发明专利拥有量	0.1771	12	0.1719	12
10	专利获奖数量	0.0000	13	0.2842	9
11	马德里商标国际注册申请量	0.3600	11	0.4714	8
	效率	0.3073	12	0.3212	12
12	每万人口发明专利拥有量	0.1960	12	0.1978	12
13	每百亿元 GDP 专利申请量	0.4150	12	0.4621	11
14	每十亿元发明专利拥有量	0.2377	12	0.2866	12
15	每百亿元高维持年限发明专利拥有量	0.2073	12	0.1856	12
16	万企有效注册商标企业数	0.4377	13	0.4372	13
17	每万户企业注册商标拥有量	0.6135	6	0.6210	6
	知识产权运用	**0.2529**	**10**	**0.1059**	**12**
	数量	0.3646	10	0.0945	11
18	专利实施许可合同备案量	0.5000	8	0.0947	9
19	专利实施许可合同备案涉及专利量	0.2143	8	0.0316	9
20	知识产权质押项目数	0.3111	10	0.1556	11
21	知识产权技术合同成交数量	0.4497	8	0.1090	10
	效果	0.0667	13	0.1250	12
22	知识产权技术合同成交金额	0.0286	13	0.0187	13
23	专利质押融资金额	0.0985	12	0.2000	10
24	商标质押融资金额	0.0000	6	0.0000	8

续表

序号	指标	2019 年		2018 年	
		指数	排名	指数	排名
	知识产权保护	**0.3463**	**10**	**0.3819**	**9**
	行政执法	0.5000	8	0.3677	10
25	查处专利侵权纠纷和假冒专利案件量	0.3103	10	0.3862	9
26	商标行政执法案件数量	0.6240	5	0.1684	11
27	“正版正货”承诺企业数量	0.5845	8	0.6000	7
	维权援助	0.0900	11	0.4057	8
28	维权援助中心及分支机构数量	0.1500	11	0.1500	9
29	维权援助中心举报投诉受理量	0.0000	6	0.7893	3
	知识产权环境	**0.3772**	**12**	**0.3241**	**12**
	管理	0.3435	13	0.2972	12
30	知识产权专项经费投入	0.1918	12	0.2406	13
31	知识产权管理机构人员数	0.4364	12	0.3000	12
32	国家知识产权试点示范县（市、区）、园区数	0.4000	9	0.2000	10
33	知识产权贯标企业数量	0.1853	13	0.2434	13
34	知识产权战略推进计划项目数	0.3643	11	0.3692	11
	服务	0.5186	10	0.4490	11
35	专利申请代理率	0.5790	8	0.4964	10
36	商标申请代理率	0.5397	9	0.4749	10
37	知识产权服务机构数量	0.2500	13	0.1732	12
	人才	0.2933	12	0.2421	13
38	知识产权专业人才培训人数	0.4187	11	0.2868	13
39	知识产权工程师评定人数	0.0857	13	0.0667	13
40	通过全国专利代理师资格考试人数	0.1667	12	0.3231	10
41	知识产权领军及骨干人才数量	0.3333	8	0.3333	8

九、盐城市知识产权实力分项指标分析

2019 年盐城市知识产权实力指数 0.4151，位居全省第 10 位，较 2018 年下降 1 位。如图 4-9 所示，盐城市知识产权创造、知识产权运用、知识产权保护和知识产权环境 4 项一级指标发展较为均衡。

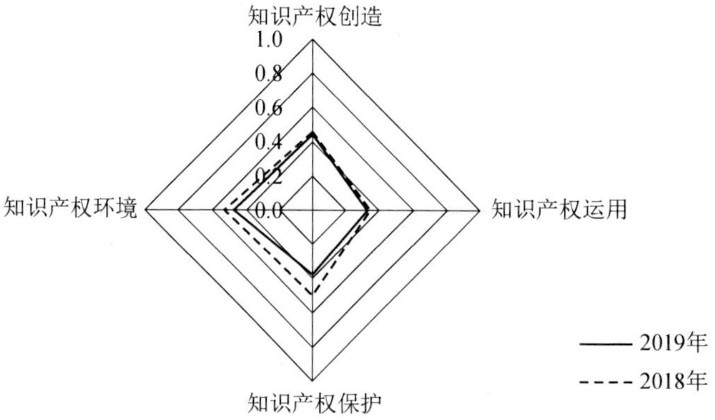

图 4-9　2018—2019 年盐城市知识产权实力一级指标指数

2019 年，盐城市 4 项知识产权实力一级指标中，知识产权环境指标指数最高，为 0.4729，位居全省第 10 位，较 2018 年下降 1 位。知识产权环境-管理、知识产权环境-服务和知识产权环境-人才 3 项二级指标分别位居全省第 10、第 8 和第 9 位，其中，知识产权环境-服务和知识产权环境-人才 2 项指标排名较 2018 年分别下降 7 位和上升 2 位。12 项三级指标中，知识产权专项经费投入位居全省第 5 位。

2019 年，盐城市知识产权创造指标指数为 0.4480，位居全省第 11 位。知识产权创造-数量、知识产权创造-质量和知识产权创造-效率 3 项二级指标分别位居全省第 6、第 9 和第 11 位。17 项三级指标中，地理标志商标数量位居全省第 2 位。

2019 年，盐城市知识产权保护指标指数为 0. 3727，位居全省第 9 位，较 2018 年下降 1 位。知识产权保护-行政执法和知识产权保护-维权援助 2 项二级指标分别位居全省第 12 和 6 位，较 2018 年分别下降 3 位和上升 1 位。5 项三级指标中，维权援助中心及分支机构数量位居全省第 3 位。

2019 年，盐城市 4 项知识产权实力一级指标中，知识产权运用指标指数最低，为 0. 3342，位居全省第 8 位，较 2018 年上升 1 位。知识产权运用-数量和知识产权运用-效果 2 项二级指标分别位居全省第 8 和第 10 位，较 2018 年分别上升 1 位和下降 5 位。7 项三级指标中，商标质押融资金额位居全省第 5 位，较 2018 年上升 2 位（表 4-9）。

表 4-9　盐城市知识产权实力分项指标指数

序号	指标	2019 年		2018 年	
		指数	排名	指数	排名
	知识产权实力指数	**0. 4151**	**10**	**0. 4565**	**9**
	知识产权创造	**0. 4480**	**11**	**0. 4521**	**11**
	数量	0. 5235	6	0. 5002	6
1	专利授权量	0. 6000	7	0. 6000	7
2	发明专利授权量	0. 3830	8	0. 4263	8
3	PCT 国际专利申请量	0. 3135	11	0. 6287	5
4	商标注册量	0. 6004	6	0. 6006	6
5	地理标志商标数量	0. 7000	2	0. 6829	2
6	集成电路布图设计登记发证数量	0. 6144	5	0. 1000	10
	质量	0. 4513	9	0. 4646	9
7	发明专利授权量占比	0. 5384	9	0. 6000	7
8	发明专利授权率	0. 4592	9	0. 4244	9
9	高维持年限发明专利拥有量	0. 4054	11	0. 4030	11

续表

序号	指标	2019 年		2018 年	
		指数	排名	指数	排名
10	专利获奖数量	0. 2000	10	0. 1895	11
11	马德里商标国际注册申请量	0. 5400	8	0. 3643	11
	效率	0. 4246	11	0. 4321	11
12	每万人口发明专利拥有量	0. 3520	10	0. 3381	10
13	每百亿元 GDP 专利申请量	0. 5594	9	0. 6000	7
14	每十亿元发明专利拥有量	0. 4233	9	0. 4734	11
15	每百亿元高维持年限发明专利拥有量	0. 3224	10	0. 2855	10
16	万企有效注册商标企业数	0. 4595	12	0. 4723	12
17	每万户企业注册商标拥有量	0. 5722	9	0. 5336	11
	知识产权运用	**0. 3342**	**8**	**0. 3452**	**9**
	数量	0. 4061	8	0. 1930	9
18	专利实施许可合同备案量	0. 5000	8	0. 0000	11
19	专利实施许可合同备案涉及专利量	0. 2143	8	0. 0000	11
20	知识产权质押项目数	0. 5778	8	0. 6000	7
21	知识产权技术合同成交数量	0. 3373	9	0. 2450	9
	效果	0. 2143	10	0. 5988	5
22	知识产权技术合同成交金额	0. 2120	10	0. 5956	8
23	专利质押融资金额	0. 2575	9	0. 6000	7
24	商标质押融资金额	0. 0245	5	0. 6000	7
	知识产权保护	**0. 3727**	**9**	**0. 5005**	**8**
	行政执法	0. 3083	12	0. 4474	9
25	查处专利侵权纠纷和假冒专利案件量	0. 0137	13	0. 3551	12
26	商标行政执法案件数量	0. 5328	9	0. 6275	6
27	“正版正货” 承诺企业数量	0. 3983	11	0. 3345	11
	维权援助	0. 4800	6	0. 5891	7
28	维权援助中心及分支机构数量	0. 8000	3	0. 8000	3
29	维权援助中心举报投诉受理量	0. 0000	6	0. 2727	8

续表

序号	指标	2019 年		2018 年	
		指数	排名	指数	排名
	知识产权环境	**0.4729**	**10**	**0.5325**	**9**
	管理	0.4440	10	0.4368	10
30	知识产权专项经费投入	0.6128	5	0.6528	5
31	知识产权管理机构人员数	0.5455	9	0.3750	10
32	国家知识产权试点示范县（市、区）、园区数	0.4000	9	0.2000	10
33	知识产权贯标企业数量	0.3309	12	0.6000	7
34	知识产权战略推进计划项目数	0.4500	9	0.4731	9
	服务	0.5734	8	0.8624	1
35	专利申请代理率	0.6480	6	0.5806	9
36	商标申请代理率	0.5769	8	1.0000	1
37	知识产权服务机构数量	0.4000	12	0.4631	9
	人才	0.4265	9	0.3830	11
38	知识产权专业人才培训人数	0.4446	9	0.3750	12
39	知识产权工程师评定人数	0.6000	7	0.6000	7
40	通过全国专利代理师资格考试人数	0.3000	9	0.2308	12
41	知识产权领军及骨干人才数量	0.1333	13	0.1333	13

十、扬州市知识产权实力分项指标分析

2019 年扬州市知识产权实力指数 0.4672，位居全省第 8 位。如图 4-10 所示，扬州市知识产权创造、知识产权运用、知识产权保护和知识产权环境 4 项一级指标发展不均衡，知识产权创造、知识产权保护和知识产权环境 3 项一级指标指数要高于知识产权运用指标指数。

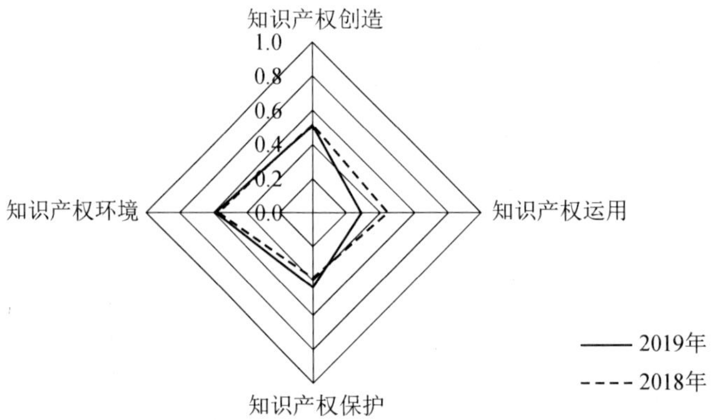

图 4-10　2018—2019 年扬州市知识产权实力一级指标指数

2019 年，扬州市 4 项知识产权实力一级指标中，知识产权环境指标指数最高，为 0.5827，位居全省第 7 位，较 2018 年上升 1 位。知识产权环境-管理、知识产权环境-服务和知识产权环境-人才 3 项二级指标分别位居全省第 8、第 3 和第 10 位，较 2018 年分别上升 1 位、上升 2 位、下降 1 位。12 项三级指标中，商标申请代理率位居全省第 3 位。

2019 年，扬州市知识产权创造指标指数为 0.5132，位居全省第 8 位。知识产权创造-数量、知识产权创造-质量和知识产权创造-效率 3 项二级指标分别位居全省第 8、第 11 和第 7 位。17 项三级指标中，地理标志商标数量、马德里商标国际注册申请量 2 项指标均位居全省第 3 位，其中，地理标志商标数量指标排名较 2018 年上升 2 位。

2019 年，扬州市知识产权保护指标为 0.4352，位居全省第 8 位，较 2018 年上升 2 位。知识产权保护-行政执法和知识产权保护-维权援助 2 项二级指标分别位居全省第 7 和第 8 位，较 2018 年分别上升 1 位和 2 位。5 项三级指标中，查处专利侵权纠纷和假冒专利案件量、“正版正货”承诺企业数量 2 项指标均位居全省第 5 位，较 2018 年分别上升 4 位和下降 1 位。

2019 年，扬州市 4 项知识产权实力一级指标中，知识产权运用指标指数最低，为 0.2917，位居全省第 9 位，较 2018 年下降 2 位。知识产权运用-数量和知识产权运用-效果 2 项二级指标分别位居全省第 9 和第 11 位，较 2018 年分别下降 3 位和 2 位。7 项三级指标中，知识产权技术合同成交数量、商标质押融资金额 2 项指标均位居全省第 6 位（表 4-10）。

表 4-10　扬州市知识产权实力分项指标指数

序号	指标	2019 年		2018 年	
		指数	排名	指数	排名
	知识产权实力指数	**0.4672**	**8**	**0.4874**	**8**
	知识产权创造	**0.5132**	**8**	**0.5266**	**8**
	数量	0.4423	8	0.4642	7
1	专利授权量	0.6185	6	0.6459	6
2	发明专利授权量	0.3543	9	0.3851	9
3	PCT 国际专利申请量	0.3987	10	0.3394	11
4	商标注册量	0.3447	10	0.3551	11
5	地理标志商标数量	0.6321	3	0.6036	5
6	集成电路布图设计登记发证数量	0.2129	8	0.3500	8
	质量	0.4190	11	0.3789	11
7	发明专利授权量占比	0.4177	10	0.3787	11
8	发明专利授权率	0.4188	10	0.3810	10
9	高维持年限发明专利拥有量	0.5670	8	0.5033	8
10	专利获奖数量	0.0667	12	0.0632	13

续表

序号	指标	2019 年		2018 年	
		指数	排名	指数	排名
11	马德里商标国际注册申请量	0.7488	3	0.7005	3
	效率	0.5797	7	0.6168	7
12	每万人口发明专利拥有量	0.5721	8	0.5572	8
13	每百亿元 GDP 专利申请量	0.7002	5	0.9509	2
14	每十亿元发明专利拥有量	0.4223	10	0.4876	9
15	每百亿元高维持年限发明专利拥有量	0.4394	9	0.3579	9
16	万企有效注册商标企业数	0.7514	4	0.7406	4
17	每万户企业注册商标拥有量	0.6937	4	0.8057	4
	知识产权运用	**0.2917**	**9**	**0.4421**	**7**
	数量	0.3952	9	0.5344	6
18	专利实施许可合同备案量	0.5000	8	0.6629	2
19	专利实施许可合同备案涉及专利量	0.2143	8	0.6349	4
20	知识产权质押项目数	0.3111	10	0.2000	10
21	知识产权技术合同成交数量	0.6025	6	0.6151	3
	效果	0.1192	11	0.2884	9
22	知识产权技术合同成交金额	0.2404	9	0.4205	9
23	专利质押融资金额	0.0918	13	0.1600	11
24	商标质押融资金额	0.0000	6	0.6017	6
	知识产权保护	**0.4352**	**8**	**0.3732**	**10**
	行政执法	0.5883	7	0.5431	8
25	查处专利侵权纠纷和假冒专利案件量	0.6962	5	0.3862	9
26	商标行政执法案件数量	0.4119	12	0.6000	7
27	“正版正货”承诺企业数量	0.6764	5	0.6717	4
	维权援助	0.1800	8	0.0900	10
28	维权援助中心及分支机构数量	0.3000	8	0.1500	9

续表

序号	指标	2019 年		2018 年	
		指数	排名	指数	排名
29	维权援助中心举报投诉受理量	0.0000	6	0.0000	9
	知识产权环境	**0.5827**	**7**	**0.5687**	**8**
	管理	0.5794	8	0.5374	9
30	知识产权专项经费投入	0.6000	7	0.5594	8
31	知识产权管理机构人员数	0.6727	5	0.3750	10
32	国家知识产权试点示范县（市、区）、园区数	0.4000	9	0.4000	8
33	知识产权贯标企业数量	0.6623	4	0.6906	3
34	知识产权战略推进计划项目数	0.5786	8	0.6000	7
	服务	0.7855	3	0.7287	5
35	专利申请代理率	0.5668	9	0.6000	7
36	商标申请代理率	0.8745	3	0.7839	3
37	知识产权服务机构数量	0.6000	7	0.6000	7
	人才	0.3381	10	0.4547	9
38	知识产权专业人才培训人数	0.3799	13	0.4676	9
39	知识产权工程师评定人数	0.3429	9	0.6118	6
40	通过全国专利代理师资格考试人数	0.2333	11	0.2769	11
41	知识产权领军及骨干人才数量	0.2667	9	0.2667	9

十一、镇江市知识产权实力分项指标分析

2019 年镇江市知识产权实力指数 0.6013，位居全省第 6 位。如图 4-11 所示，镇江市知识产权创造、知识产权运用、知识产权保护和知识产权环境 4 项一级指标发展较为均衡。

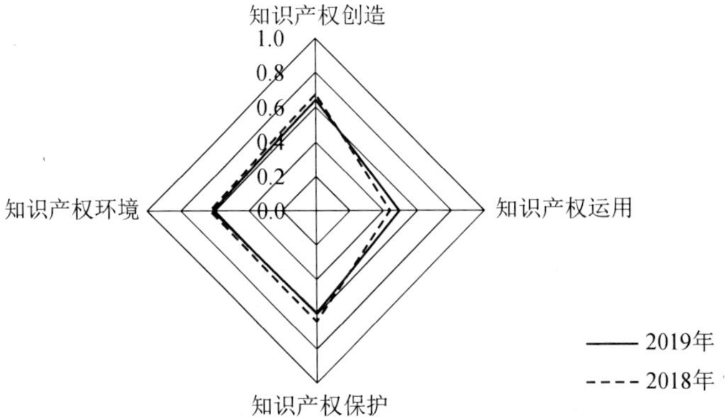

图 4-11　2018—2019 年镇江市知识产权实力一级指标指数

2019 年，镇江市 4 项知识产权实力一级指标中，知识产权创造指标指数最高，为 0.6552，位居全省第 6 位。知识产权创造-数量、知识产权创造-质量和知识产权创造-效率 3 项二级指标分别位居全省第 9、第 3 和第 5 位，其中，知识产权创造-质量指标排名较 2018 年上升 1 位。17 项三级指标中，发明专利授权量占比、每十亿元发明专利拥有量 2 项指标均位居全省第 3 位。

2019 年，镇江市知识产权环境指标指数为 0.6184，位居全省第 6 位，较 2018 年下降 1 位。知识产权环境-管理、知识产权环境-服务和知识产权环境-人才 3 项二级指标分别位居全省第 6、第 7 和第 6 位，较 2018 年分别下降 1 位、上升 1 位、下降 1 位。12 项三级指标中，知识产权工程师评定人数位居全省第 4 位。

2019 年，镇江市知识产权保护指标指数为 0.5784，位居全省第 5 位，较 2018 年上升 1 位。知识产权保护-行政执法和知识产权保护-维权援助 2 项二级指标分别位居全省第 6 和第 7 位，其中，知识产权保护-维权援助指标排名较 2018 年下降 1 位。5 项三级指标中，查处专利侵权纠纷和假冒专利案件量位居全省第 2 位，较 2018 年上升 2 位。

2019 年，镇江市 4 项知识产权实力一级指标中，知识产权运用指标指数最低，为 0. 4990，位居全省第 7 位，较 2018 年下降 1 位。知识产权运用-数量和知识产权运用-效果 2 项二级指标均位居全省第 7 位，其中，知识产权运用-效果指标较 2018 年上升 1 位。7 项三级指标中，专利实施许可合同备案量位居全省第 3 位（表 4-11）。

表 4-11　镇江市知识产权实力分项指标指数

序号	指标	2019 年		2018 年	
		指数	排名	指数	排名
	知识产权实力指数	**0. 6013**	**6**	**0. 6161**	**6**
	知识产权创造	**0. 6552**	**6**	**0. 6831**	**6**
	数量	0. 4121	9	0. 4389	9
1	专利授权量	0. 4826	9	0. 5780	9
2	发明专利授权量	0. 6002	6	0. 6308	4
3	PCT 国际专利申请量	0. 4994	8	0. 4423	8
4	商标注册量	0. 2531	13	0. 2377	13
5	地理标志商标数量	0. 4286	10	0. 4286	9
6	集成电路布图设计登记发证数量	0. 0000	12	0. 0500	11
	质量	0. 7023	3	0. 7114	4
7	发明专利授权量占比	0. 8538	3	0. 8234	3
8	发明专利授权率	0. 6170	4	0. 6000	7
9	高维持年限发明专利拥有量	0. 6044	6	0. 6024	6
10	专利获奖数量	0. 6000	7	0. 6682	6
11	马德里商标国际注册申请量	0. 2400	12	0. 6000	7
	效率	0. 7024	5	0. 7399	5
12	每万人口发明专利拥有量	0. 7822	4	0. 8084	4

续表

序号	指标	2019 年		2018 年	
		指数	排名	指数	排名
13	每百亿元 GDP 专利申请量	0.7010	4	0.8742	4
14	每十亿元发明专利拥有量	0.8316	3	0.8581	3
15	每百亿元高维持年限发明专利拥有量	0.6591	6	0.6000	7
16	万企有效注册商标企业数	0.5590	10	0.6000	7
17	每万户企业注册商标拥有量	0.5462	11	0.5844	8
	知识产权运用	**0.4990**	**7**	**0.4469**	**6**
	数量	0.5530	7	0.5161	7
18	专利实施许可合同备案量	0.6163	3	0.6579	3
19	专利实施许可合同备案涉及专利量	0.6043	6	0.6500	3
20	知识产权质押项目数	0.6000	7	0.3556	8
21	知识产权技术合同成交数量	0.3360	10	0.3230	8
	效果	0.4091	7	0.3316	8
22	知识产权技术合同成交金额	0.1099	11	0.1291	12
23	专利质押融资金额	0.6329	6	0.3600	8
24	商标质押融资金额	0.0000	6	0.6085	5
	知识产权保护	**0.5784**	**5**	**0.6441**	**6**
	行政执法	0.6735	6	0.6483	6
25	查处专利侵权纠纷和假冒专利案件量	0.8364	2	0.7305	4
26	商标行政执法案件数量	0.6000	7	0.6698	4
27	“正版正货” 承诺企业数量	0.5586	9	0.5150	8
	维权援助	0.4200	7	0.6371	6
28	维权援助中心及分支机构数量	0.7000	5	0.6000	6
29	维权援助中心举报投诉受理量	0.0000	6	0.6929	5

续表

序号	指标	2019 年		2018 年	
		指数	排名	指数	排名
	知识产权环境	**0.6184**	**6**	**0.6229**	**5**
	管理	0.6210	6	0.6195	5
30	知识产权专项经费投入	0.3145	10	0.6404	6
31	知识产权管理机构人员数	0.4909	10	0.6000	5
32	国家知识产权试点示范县（市、区）、园区数	0.6000	7	0.4000	8
33	知识产权贯标企业数量	0.6000	7	0.5177	8
34	知识产权战略推进计划项目数	0.7316	5	0.7688	3
	服务	0.6194	7	0.5874	8
35	专利申请代理率	0.6000	7	0.6257	6
36	商标申请代理率	0.6548	6	0.6000	7
37	知识产权服务机构数量	0.4100	11	0.4228	10
	人才	0.6102	6	0.6767	5
38	知识产权专业人才培训人数	0.6000	7	0.6000	7
39	知识产权工程师评定人数	0.6407	4	0.9529	2
40	通过全国专利代理师资格考试人数	0.6000	6	0.5077	9
41	知识产权领军及骨干人才数量	0.6000	7	0.6000	7

十二、泰州市知识产权实力分项指标分析

2019 年泰州市知识产权实力指数 0.4379，位居全省第 9 位，较 2018 年下降 2 位。如图 4-12 所示，泰州市知识产权创造、知识产权运用、知识产权保护和知识产权环境 4 项一级指标发展不均衡，知识产权创造、知识产

权保护和知识产权环境 3 项指标指数要高于知识产权运用指标指数。

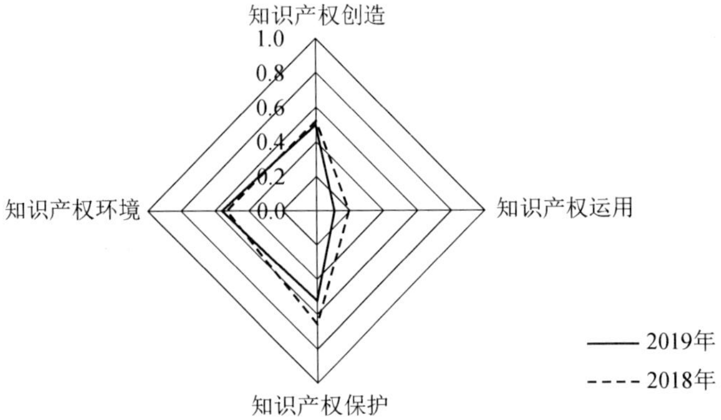

图 4-12　2018—2019 年泰州市知识产权实力一级指标指数

2019 年，泰州市 4 项知识产权实力一级指标中，知识产权环境指标指数最高，为 0.5653，位居全省第 8 位，较 2018 年上升 2 位。知识产权环境-管理、知识产权环境-服务和知识产权环境-人才 3 项二级指标分别位居全省第 7、第 11 和第 8 位，较 2018 年分别上升 1 位、上升 1 位、下降 2 位。12 项三级指标中，知识产权管理机构人员数和国家知识产权试点示范县（市、区）、园区数 2 项指标均位居全省第 5 位，其中，国家知识产权试点示范县（市、区）、园区数排名较 2018 年上升 1 位。

2019 年，泰州市知识产权保护指标指数为 0.5304，位居全省第 7 位，较 2018 年下降 2 位。知识产权保护-行政执法和知识产权保护-维权援助 2 项二级指标分别位居全省第 10 和第 3 位，较 2018 年分别下降 3 位和 1 位。5 项三级指标中，“正版正货”承诺企业数量、维权援助中心举报投诉受理量 2 项指标均位居全省第 3 位，其中，“正版正货”承诺企业数量排名较 2018 年上升 2 位。

2019 年，泰州市知识产权创造指标指数为 0.4969，位居全省第 9 位，较 2018 年下降 2 位。知识产权创造-数量、知识产权创造-质量和知识产权创造-效率 3 项二级指标分别位居全省第 10、第 10 和第 8 位，其中，知识产权创造-数量指标排名较 2018 年上升 1 位。17 项三级指标中，马德里商标国际注册申请量位居全省第 5 位，较 2018 年上升 4 位。

2019 年，泰州市 4 项知识产权实力一级指标中，知识产权运用指标指数最低，为 0.1000，位居全省第 13 位，较 2018 年下降 3 位。知识产权运用-数量和知识产权运用-效果 2 项二级指标均位居全省第 12 位，较 2018 年均下降 2 位（表 4-12）。

表 4-12　泰州市知识产权实力分项指标指数

序号	指标	2019 年		2018 年	
		指数	排名	指数	排名
	知识产权实力指数	**0.4379**	**9**	**0.4916**	**7**
	知识产权创造	**0.4969**	**9**	**0.5347**	**7**
	数量	0.3828	10	0.3967	11
1	专利授权量	0.5679	8	0.5858	8
2	发明专利授权量	0.2642	10	0.3625	10
3	PCT 国际专利申请量	0.4916	9	0.4320	9
4	商标注册量	0.2975	12	0.2185	12
5	地理标志商标数量	0.6000	6	0.6000	6
6	集成电路布图设计登记发证数量	0.0000	12	0.0000	12
	质量	0.4224	10	0.4617	10
7	发明专利授权量占比	0.3924	12	0.5226	10
8	发明专利授权率	0.3181	11	0.2872	11
9	高维持年限发明专利拥有量	0.6000	7	0.6000	7
10	专利获奖数量	0.2667	9	0.2211	10

续表

序号	指标	2019 年		2018 年	
		指数	排名	指数	排名
11	马德里商标国际注册申请量	0.6154	5	0.4071	9
	效率	0.5663	8	0.6102	8
12	每万人口发明专利拥有量	0.6000	7	0.6000	7
13	每百亿元 GDP 专利申请量	0.6000	7	0.7716	5
14	每十亿元发明专利拥有量	0.5163	8	0.5799	8
15	每百亿元高维持年限发明专利拥有量	0.5301	8	0.4567	8
16	万企有效注册商标企业数	0.6000	7	0.6780	6
17	每万户企业注册商标拥有量	0.4973	13	0.5412	10
	知识产权运用	**0.1000**	**13**	**0.1928**	**10**
	数量	0.0913	12	0.1549	10
18	专利实施许可合同备案量	0.0000	11	0.1263	8
19	专利实施许可合同备案涉及专利量	0.0000	11	0.1263	8
20	知识产权质押项目数	0.2889	12	0.2889	9
21	知识产权技术合同成交数量	0.1099	13	0.0740	12
	效果	0.1145	12	0.2559	10
22	知识产权技术合同成交金额	0.0819	12	0.2398	11
23	专利质押融资金额	0.1545	11	0.3200	9
24	商标质押融资金额	0.0000	6	0.0000	8
	知识产权保护	**0.5304**	**7**	**0.6664**	**5**
	行政执法	0.4527	10	0.5743	7
25	查处专利侵权纠纷和假冒专利案件量	0.1181	11	0.6000	7
26	商标行政执法案件数量	0.5507	8	0.4947	9
27	“正版正货” 承诺企业数量	0.7568	3	0.6435	5
	维权援助	0.6600	3	0.8200	2
28	维权援助中心及分支机构数量	0.7000	5	0.7000	4

续表

序号	指标	2019 年		2018 年	
		指数	排名	指数	排名
29	维权援助中心举报投诉受理量	0.6000	3	1.0000	1
	知识产权环境	**0.5653**	**8**	**0.5296**	**10**
	管理	0.6059	7	0.5377	8
30	知识产权专项经费投入	0.5257	8	0.5468	9
31	知识产权管理机构人员数	0.6727	5	0.6000	5
32	国家知识产权试点示范县（市、区）、园区数	0.6400	5	0.6000	6
33	知识产权贯标企业数量	0.5382	8	0.2709	12
34	知识产权战略推进计划项目数	0.6000	7	0.6000	7
	服务	0.4994	11	0.4438	12
35	专利申请代理率	0.4302	13	0.3662	12
36	商标申请代理率	0.5062	10	0.4534	13
37	知识产权服务机构数量	0.5900	8	0.5315	8
	人才	0.5363	8	0.6145	6
38	知识产权专业人才培训人数	0.6142	6	0.6051	5
39	知识产权工程师评定人数	0.6000	7	0.8118	4
40	通过全国专利代理师资格考试人数	0.3667	8	0.6052	6
41	知识产权领军及骨干人才数量	0.2667	9	0.2667	9

十三、宿迁市知识产权实力分项指标分析

2019 年宿迁市知识产权实力指数 0.2438，位居全省第 13 位。如图 4-13 所示，宿迁市知识产权创造、知识产权运用、知识产权保护和知识产权环境 4 项一级指标发展不均衡，知识产权创造、知识产权保护和知

识产权环境 3 项指标指数要高于知识产权运用指标指数。

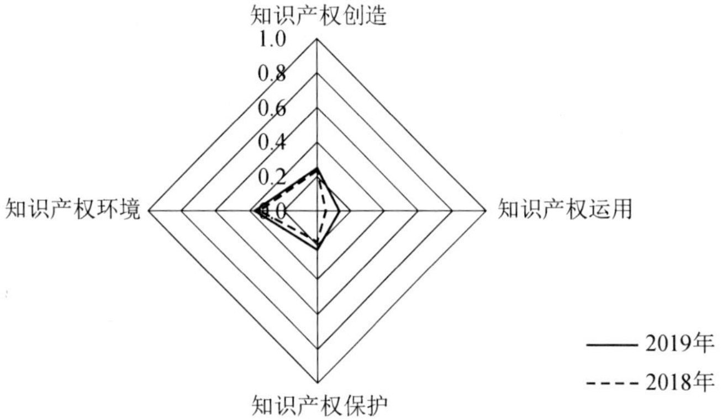

图 4-13　2018—2019 年宿迁市知识产权实力一级指标指数

2019 年，宿迁市 4 项知识产权实力一级指标中，知识产权环境指标指数最高，为 0.3716，位居全省第 13 位。知识产权环境-管理、知识产权环境-服务和知识产权环境-人才 3 项二级指标分别位居全省第 11、第 13 和第 13 位，其中，知识产权环境-管理和知识产权环境-人才 2 项指标排名较 2018 年分别上升 2 位和下降 1 位。12 项三级指标中，知识产权管理机构人员数位居全省第 7 位，较 2018 年上升 6 位。

2019 年，宿迁市知识产权创造指标指数为 0.2447，位居全省第 13 位。知识产权创造-数量、知识产权创造-质量和知识产权创造-效率 3 项二级指标均位居全省第 13 位。17 项三级指标中，商标注册量、万企有效注册商标企业数 2 项指标均位居全省第 8 位，其中，商标注册量排名较 2018 年上升 1 位。

2019 年，宿迁市知识产权保护指标指数为 0.2254，位居全省第 13 位。知识产权保护-行政执法和知识产权保护-维权援助 2 项二级指标分别位居全省第 13 和第 8 位，其中，知识产权保护-维权援助指标排名较

2018 年上升 2 位。5 项三级指标中，维权援助中心及分支机构数量位居全省第 8 位，较 2018 年上升 1 位。

2019 年，宿迁市 4 项知识产权实力一级指标中，知识产权运用指标指数最低，为 0.1324，位居全省第 12 位，较 2018 年上升 1 位。知识产权运用-数量和知识产权运用-效果 2 项二级指标分别位居全省第 13 和第 9 位，其中，知识产权运用-效果指标排名较 2018 年上升 4 位。7 项三级指标中，知识产权技术合同成交金额位居全省第 8 位，较 2018 年上升 2 位（表 4-13）。

表 4-13　宿迁市知识产权实力分项指标指数

序号	指标	2019 年		2018 年	
		指数	排名	指数	排名
	知识产权实力指数	**0.2438**	**13**	**0.2093**	**13**
	知识产权创造	**0.2447**	**13**	**0.2474**	**13**
	数量	0.1904	13	0.1593	13
1	专利授权量	0.3013	11	0.3197	12
2	发明专利授权量	0.0556	13	0.0715	13
3	PCT 国际专利申请量	0.1239	13	0.0857	13
4	商标注册量	0.4327	8	0.3831	9
5	地理标志商标数量	0.3429	12	0.1714	13
6	集成电路布图设计登记发证数量	0.0194	11	0.0000	12
	质量	0.1520	13	0.1667	13
7	发明专利授权量占比	0.1556	13	0.1890	13
8	发明专利授权率	0.2642	13	0.2504	13
9	高维持年限发明专利拥有量	0.0889	13	0.0797	13
10	专利获奖数量	0.1333	11	0.0947	12

续表

序号	指标	2019 年		2018 年	
		指数	排名	指数	排名
11	马德里商标国际注册申请量	0. 1500	13	0. 3429	12
	效率	0. 3057	13	0. 3123	13
12	每万人口发明专利拥有量	0. 1198	13	0. 1114	13
13	每百亿元 GDP 专利申请量	0. 4937	10	0. 5455	9
14	每十亿元发明专利拥有量	0. 1817	13	0. 2113	13
15	每百亿元高维持年限发明专利拥有量	0. 1301	13	0. 1126	13
16	万企有效注册商标企业数	0. 5900	8	0. 5859	8
17	每万户企业注册商标拥有量	0. 5581	10	0. 5231	12
	知识产权运用	**0. 1324**	**12**	**0. 0489**	**13**
	数量	0. 0821	13	0. 0149	13
18	专利实施许可合同备案量	0. 0000	11	0. 0000	11
19	专利实施许可合同备案涉及专利量	0. 0000	11	0. 0000	11
20	知识产权质押项目数	0. 1778	13	0. 0222	13
21	知识产权技术合同成交数量	0. 1971	11	0. 0480	13
	效果	0. 2162	9	0. 1054	13
22	知识产权技术合同成交金额	0. 3019	8	0. 3592	10
23	专利质押融资金额	0. 2261	10	0. 0160	13
24	商标质押融资金额	0. 0000	6	0. 0000	8
	知识产权保护	**0. 2254**	**13**	**0. 1813**	**13**
	行政执法	0. 2527	13	0. 2362	13
25	查处专利侵权纠纷和假冒专利案件量	0. 0508	12	0. 3048	13
26	商标行政执法案件数量	0. 3896	13	0. 1158	13
27	“正版正货”承诺企业数量	0. 3362	12	0. 3027	12
	维权援助	0. 1800	8	0. 0900	10
28	维权援助中心及分支机构数量	0. 3000	8	0. 1500	9

续表

序号	指标	2019 年		2018 年	
		指数	排名	指数	排名
29	维权援助中心举报投诉受理量	0. 0000	6	0. 0000	9
	知识产权环境	**0. 3716**	**13**	**0. 3215**	**13**
	管理	0. 3902	11	0. 2636	13
30	知识产权专项经费投入	0. 1718	13	0. 4168	11
31	知识产权管理机构人员数	0. 6000	7	0. 1500	13
32	国家知识产权试点示范县（市、区）、园区数	0. 4000	9	0. 2000	10
33	知识产权贯标企业数量	0. 4279	11	0. 2949	11
34	知识产权战略推进计划项目数	0. 3000	13	0. 3115	13
	服务	0. 4018	13	0. 4362	13
35	专利申请代理率	0. 5461	10	0. 4529	11
36	商标申请代理率	0. 3565	13	0. 4547	12
37	知识产权服务机构数量	0. 4300	9	0. 2738	11
	人才	0. 2829	13	0. 3372	12
38	知识产权专业人才培训人数	0. 3885	12	0. 3949	10
39	知识产权工程师评定人数	0. 1714	11	0. 3333	10
40	通过全国专利代理师资格考试人数	0. 1000	13	0. 1846	13
41	知识产权领军及骨干人才数量	0. 2667	9	0. 2667	9

第五章 附 录

一、江苏省知识产权实力指标体系与解释

（一）指标体系结构

本书采用统计综合评价方法对江苏省地区知识产权实力进行分析。知识产权实力指标体系总权数为100，知识产权创造、知识产权运用、知识产权保护和知识产权环境4项一级指标权数分别为40、20、20、20（表5-1）。

表5-1 江苏省知识产权实力指标体系

一级指标	二级指标	三级指标		
		序号	单位	指标
知识产权创造	数量	1	件	专利授权量
		2	件	发明专利授权量
		3	件	PCT国际专利申请量
		4	件	商标注册量
		5	件	地理标志商标数量
		6	件	集成电路布图设计登记发证数量

续表

一级指标	二级指标	三级指标		
		序号	单位	指标
知识产权创造	质量	7	%	发明专利授权量占比
		8	%	发明专利授权率
		9	件	高维持年限发明专利拥有量
		10	项	专利获奖数量
		11	件	马德里商标国际注册申请量
	效率	12	件	每万人口发明专利拥有量
		13	件	每百亿元 GDP 专利申请量
		14	件	每十亿元发明专利拥有量
		15	件	每百亿元高维持年限发明专利拥有量
		16	家	万企有效注册商标企业数
		17	件	每万户企业注册商标拥有量
知识产权运用	数量	18	份	专利实施许可合同备案量
		19	件	专利实施许可合同备案涉及专利量
		20	个	知识产权质押项目数
		21	项	知识产权技术合同成交数量
	效果	22	亿元	知识产权技术合同成交金额
		23	亿元	专利质押融资金额
		24	亿元	商标质押融资金额
知识产权保护	行政执法	25	件	查处专利侵权纠纷和假冒专利案件量
		26	件	商标行政执法案件数量
		27	家	“正版正货”承诺企业数量
	维权援助	28	个	维权援助中心及分支机构数量
		29	件	维权援助中心举报投诉受理量

续表

一级指标	二级指标	三级指标		
		序号	单位	指标
知识产权环境	管理	30	万元	知识产权专项经费投入
		31	人	知识产权管理机构人员数
		32	个	国家知识产权试点示范县（市、区）、园区数
		33	家	知识产权贯标企业数量
		34	个	知识产权战略推进计划项目数
	服务	35	%	专利申请代理率
		36	%	商标申请代理率
		37	个	知识产权服务机构数量
	人才	38	人	知识产权专业人才培训人数
		39	人	知识产权工程师评定人数
		40	人	通过全国专利代理师资格考试人数
		41	人	知识产权领军及骨干人才数量

（二）指标解释

1）专利授权量：年度国内各类申请人的专利授权数量。

2）发明专利授权量：年度国内各类申请人的发明专利授权数量。

3）PCT 国际专利申请量：年度国家知识产权局受理的来自国内的 PCT 国际专利申请数量。

4）商标注册量：年度国内各类申请人的商标注册核准件数。

5）地理标志商标数量：截至年末地理标志商标累计注册量。

6）集成电路布图设计登记发证数量：年度集成电路布图设计登记发

证的数量。

7）发明专利授权量占比：年度发明专利授权量/年度三种专利授权量。

8）发明专利授权率：近三年发明专利授权量/近三年发明专利申请量×100%。

9）高维持年限发明专利拥有量：截至年末维持10年及以上的发明专利数量。

10）专利获奖数量：年度国家级和省级专利奖获奖数量的合计。

11）马德里商标国际注册申请量：年度我国申请人通过商标国际注册马德里体系申请注册的商标数量。

12）每万人口发明专利拥有量：截至年末有效发明专利数量/上一年度年末常住人口数量。

13）每百亿元GDP专利申请量：年度专利申请量/年度地区生产总值×100。

14）每十亿元发明专利拥有量：截至年末有效发明专利数量/年度地区生产总值×10。

15）每百亿元高维持年限发明专利拥有量：截至年末维持10年及以上发明专利数量/年度地区生产总值×100。

16）万企有效注册商标企业数：截至年末拥有有效注册商标的企业数/企业总数×10000。

17）每万户企业注册商标拥有量：截至年末有效商标注册量/企业总数×10000。

18）专利实施许可合同备案量：年度经国家知识产权局备案的专利实施许可合同数量。

19）专利实施许可合同备案涉及专利量：年度经国家知识产权局备案的专利实施许可合同涉及的专利数量。

20）知识产权质押项目数：年度经国家知识产权局备案的知识产权质押合同数量。

21）知识产权技术合同成交数量：年度技术市场成交的知识产权类型合同数量。

22）知识产权技术合同成交金额：年度技术市场成交的知识产权类型合同成交金额。

23）专利质押融资金额：年度经国家知识产权局备案的专利质押合同融资金额。

24）商标质押融资金额：年度经国家知识产权局商标局登记的商标专用权质押融资金额。

25）查处专利侵权纠纷和假冒专利案件量：年度专利侵权纠纷立案数量、专利其他纠纷立案数量和查处假冒专利立案数量3项指标的合计。

26）商标行政执法案件数量：年度查处商标一般违法与侵权假冒案件量和移送司法机关案件量。

27）“正版正货”承诺企业数量：截至年末“正版正货”承诺企业数量。

28）维权援助中心及分支机构数量：截至年末维权援助中心及分支机构数量。

29）维权援助中心举报投诉受理量：年度国家级知识产权维权援助中心移交举报投诉案件数量。

30）知识产权专项经费投入：年度知识产权专项经费投入金额。

31）知识产权管理机构人员数：截至年末知识产权管理机构编制人数。

32）国家知识产权试点示范县（市、区）、园区数：截至年末国家级知识产权县（市、区）数量和国家级知识产权试点示范园区数量 2 项指标的合计。

33）知识产权贯标企业数量：年度《企业知识产权管理规范》贯标参加备案企业数量。

34）知识产权战略推进计划项目数：截至年末企业知识产权战略推进计划项目累计数量。

35）专利申请代理率：年度专利申请代理量/年度专利申请量×100%。

36）商标申请代理率：年度商标申请代理量/年度商标申请量×100%。

37）知识产权服务机构数量：年度实际开展专利申请代理业务或商标申请代理业务的机构数量。

38）知识产权专业人才培训人数：年度知识产权工程师培训参加人数。

39）知识产权工程师评定人数：年度知识产权中级工程师评定人数和高级工程师评定人数的合计。

40）通过全国专利代理师资格考试人数：年度南京考点和苏州考点全国专利代理师资格考试合格人数的合计。

41）知识产权领军及骨干人才数量：年度江苏省知识产权领军人才和骨干人才数量的合计。

二、江苏省知识产权实力指数计算方法

本书采用统计综合评价方法对各级指标进行合成。各级指标经标准化后均可称为“指数”，计算方法如下。

1）将各三级指标按照以下规则标准化，得到三级指标的指数 d_{ij}，计

算方法如下：

$$d_{ij} = \frac{\min\ (x_{ij},\ \mathrm{med}(x_{ij}))}{\mathrm{med}(x_{ij})} \times 0.6 + \frac{\max(x_{ij},\ \mathrm{med}(x_{ij})) - \mathrm{med}(x_{ij})}{\max(x_{ij}) - \mathrm{med}(x_{ij})} \times 0.4$$

其中：x_{ij} 为第 i 个一级指标下的第 j 个三级指标，$\max(x_{ij})$ 为第 j 个三级指标数据的最大值，$\mathrm{med}(x_{ij})$ 为第 j 个三级指标数据的中位值。

2）二级指标指数 $Z_{i\cdot}$ 由三级指标指数加权综合而成，计算方法如下：

$$Z_{i\cdot} = \sum_{j=1}^{n_i} w_{ij}\, d_{ij} \Big/ \sum_{j=1}^{n_i} w_{ij}$$

其中：w_{ij} 为各三级指标监测值相应的权数，n_i 为第 i 个二级指标下设三级指标的个数。

3）一级指标指数 $Y_{i\cdot}$ 由二级指标指数加权综合而成，计算方法如下：

$$Y_{i\cdot} = \sum_{i=1}^{n} w_{i\cdot}\, z_{i\cdot} \Big/ \sum_{i=1}^{n} w_{i\cdot}$$

其中：$w_{i\cdot}$ 为各二级指标指数的权数，n 为二级指标的个数。

4）知识产权实力指数 Index 由一级指标指数加权综合合成，计算方法如下：

$$\mathrm{Index} = \sum_{i=1}^{n} w_{i\cdot}\, z_{i\cdot} \Big/ 100$$

其中：$w_{i\cdot}$ 为各一级指标指数的权数，n 为一级指标的个数。